UM GLOBO EM SUAS MÃOS

G562   Um globo em suas mãos : práticas para a sala de aula / Neiva Otero Schäffer ... [et al.]. – 3. ed. rev. – Porto Alegre : Penso, 2011.
        166 p. : il. color ; 23 cm.

        ISBN 978-85-63899-25-5

        1. Educação. 2. Instrução prática. I. Schäffer, Neiva Otero.

        CDU 37.091.33-027.22

Catalogação na publicação: Ana Paula M. Magnus – CRB 10/2052

UM GLOBO EM SUAS MÃOS

práticas para a sala de aula

TERCEIRA EDIÇÃO REVISADA

**NEIVA OTERO SCHÄFFER • NESTOR ANDRÉ KAERCHER
LIGIA BEATRIZ GOULART • ANTONIO CARLOS CASTROGIOVANNI**

2011

© Artmed Editora S.A., 2011

Capa
Tatiana Sperhacke

Fotos da capa
Tatiana Sperhacke

Ilustrações
Kundry Lyra Klippel

Leitura final
Márcia da Silveira Santos

Editora Sênior – Ciências Humanas
Mônica Ballejo Canto

Editora responsável por esta obra
Carla Rosa Araujo

Projeto e editoração
Armazém Digital® Editoração Eletrônica – Roberto Carlos Moreira Vieira

Reservados todos os direitos de publicação, em língua portuguesa, à
ARTMED® EDITORA S.A.
Av. Jerônimo de Ornelas, 670 – Santana
90040-340 – Porto Alegre – RS
Fone: (51) 3027-7000   Fax: (51) 3027-7070

É proibida a duplicação ou reprodução deste volume, no todo ou em parte, sob quaisquer formas ou por quaisquer meios (eletrônico, mecânico, gravação, fotocópia, distribuição na Web e outros), sem permissão expressa da Editora.

SÃO PAULO
Av. Embaixador Macedo de Soares, 10.735 – Pavilhão 5
Cond. Espace Center – Vila Anastácio
05095-035 – São Paulo – SP
Fone: (11) 3665-1100 Fax: (11) 3667-1333

SAC 0800 703-3444 – www.grupoa.com.br

IMPRESSO NO BRASIL
PRINTED IN BRAZIL

AUTORES

NEIVA OTERO SCHÄFFER é licenciada em Geografia pela Universidade Federal do Rio Grande do Sul (UFRGS). Mestre em Planejamento Urbano e Regional pela Universidade Federal do Rio Grande do Sul (UFRGS). Foi professora no Colégio Estadual Júlio de Castilhos e no Departamento de Geografia da Universidade Federal do Rio Grande do Sul (UFRGS).
E-mail: neivasch@terra.com.br

NESTOR ANDRÉ KAERCHER é licenciado em Geografia pela Universidade Federal do Rio Grande do Sul (UFRGS). Doutor em Geografia pela Universidade de São Paulo (USP). Professor na Faculdade de Educação da Universidade Federal do Rio Grande do Sul (UFRGS).
E-mail: nestorandre@yahoo.com.br

LIGIA BEATRIZ GOULART é licenciada em Geografia pela Universidade Federal do Rio Grande do Sul (UFRGS). Mestre em Educação pela Pontifícia Universidade Católica do Rio Grande do Sul (PUCRS). Doutoranda em Geografia pela Universidade Federal do Rio Grande do Sul (UFRGS). Professora da Faculdade Cenecista de Osório, Rio Grande do Sul.
E-mail: ligiabg@terra.com.br

ANTONIO CARLOS CASTROGIOVANNI é licenciado em Geografia pela Universidade Federal do Rio Grande do Sul (UFRGS). Mestre em Educação pela Universidade Federal do Rio Grande do Sul (UFRGS). Doutor em Comunicação Social pela Pontifícia Universidade Católica do Rio Grande do Sul (PUCRS). Professor na Faculdade de Educação da Universidade Federal do Rio Grande do Sul (UFRGS). Professor na Faculdade de Filosofia e Ciências Humanas, curso de Geografia, da Pontifícia Universidade Católica do Rio Grande do Sul (PUCRS).
E-mail: castroge@ig.com.br

AGRADECIMENTOS

Às professoras Maria Helena Steffani, diretora do Planetário da UFRGS, e Tomoko Iyda Paganelli, professora da Universidade Federal Fluminense, pela leitura atenta e criteriosa dos originais.

Aos professores Guilherme Reichwald Jr., Volmerio Severo Coelho, Ivanira Falcade, Liége Westermann, pela gentileza da leitura dos textos, em todo ou em parte, e pelas valiosas sugestões. À Ana Mariza Filipouski e à Iara Neves, pela disponibilidade e acolhida às nossas inúmeras solicitações.

Ao amigo Francisco Carvalho, da Adimapas, de Porto Alegre/RS, pelo empréstimo dos diversos globos que analisamos.

CONVITE

Queremos que este livro seja um pretexto para visualizar, usar, brincar e compreender o espaço com o uso de um globo terrestre. Desejamos que o leitor, a partir do globo, procure e localize lugares. Mas que vá além da simples localização: que se permita questionamentos e desafios usando o globo, que ele seja uma referência. Assim, a cada pergunta respondida, outras surgirão, o que é ótimo, pois, a partir das dúvidas, buscamos respostas que, por sua vez, provocarão novas perguntas.

Por isso nosso convite: permita-se viajar com o globo. Se você é professor, permita que alunos o manuseiem. Acredite: eles irão gostar muito disso, mexer, ler, operar com o globo. Sim, eles farão muitas perguntas... que você poderá até não saber respondê-las. Todos nós já passamos por isso. Mas, em vez de ficarmos preocupados com eventuais perguntas "difíceis", alegremo-nos com a curiosidade de nossos alunos e com sua disposição para perguntarem e continuarem curiosos.

Despertar e manter a curiosidade é uma das tarefas fundamentais da escola. De onde tiramos a ideia de que nós, professores, devemos ter todas as respostas? É uma pretensão tola que só nos sufoca! O compromisso que precisamos manter é o de atender às dúvidas e de, com os alunos e para os alunos, nos dispormos a buscar respostas, mesmo temporárias. E um globo nos auxilia nesta tarefa.

As dúvidas apresentadas pela Globilda sobre a forma da Terra e muitas outras são tratadas neste livro!

A Terra é redonda!
A Terra é uma bola!
A Terra é azul!

A Terra é redonda?!
É mesmo?
Desde quando?
E quem garante?

A última afirmativa na fala do Globildo, a qual se tornou famosa, foi dita em 12 de abril de 1961 pelo cosmonauta russo Yuri Gagarin (1934-1968), o primeiro homem a viajar no espaço e a ver diretamente que a Terra tem uma forma arredondada.

Globilda duvida da afirmação de Globildo, pois sabe que a Terra é GEOIDE!

■ Convite

APRESENTAÇÃO À TERCEIRA EDIÇÃO

Um encontro casual com o representante de uma empresa produtora de globos escolares no estande de vendas durante o Encontro Nacional de Geógrafos, realizado em João Pessoa, em 2002, nos fez constatar, com certa surpresa, que as vendas não eram promissoras. A hipótese, levantada com o proprietário, era de que nós, professores de geografia, estávamos utilizando pouco ou mesmo não utilizando globos em nossas aulas, em que pese a importância desse recurso.

Começava, em uma conversa informal, mas atenta, a ser gestado este livro. Em diálogos posteriores reconhecíamos a ausência dos globos em sala de aula. Por que tal ausência se os globos estão nas escolas? Porque não estão nas salas de aula, seja nas de geografia, seja nas das demais disciplinas, pois o globo está na escola, ou deveria estar, para uso de todos os professores. Afinal, quase todas as pessoas, com ou sem escolarização, associam de forma muito espontânea globo e escola.

Passados oito anos da primeira edição de *Um globo em suas mãos: práticas para a sala de aula*, ainda nos deparamos, infelizmente, com a atualidade das reflexões anteriores. Mesmo quando os globos estão na escola, não chegam à sala de aula e aos alunos, já que são omitidos no planejamento dos professores. Todos destacam a importância e a atração que esse recurso desperta, mas ele é visto mais como um objeto decorativo para as bibliotecas ou salas de direção do que como um recurso didático.

Há globo na escola? Sim! Mas quem o usa? Ainda predomina uma visão de que, sendo um objeto caro - o que nem sempre é verdade - não deva ser manuseado por crianças e adolescentes sob o risco de que seja estragado. Cremos que mapas, globos e livros devam ser manipulados - com cuidado, é claro - exaustivamente pelos alunos. Um globo pode nos ajudar muito na tarefa de propor discussões e questões a nossos alunos. Ninguém fica indiferente com um globo na mão, seja criança, seja adulto, de pouca ou longa escolaridade! O paradoxo é que encontramos estudantes universitários que jamais tocaram em um globo em mais de dez anos de escolaridade! Isso precisa mudar.

Em relação ao livro e à abordagem adotada, retomamos a apresentação que consta das primeiras edições, elaborada pela professora Maria Stephanou, da FACED/UFRGS. A partir de uma leitura atenta da obra, afirmava que se trazia "...aos professores de diferentes áreas do conhecimento, interessados no trabalho *com, a partir, sobre* o **globo terrestre**, um conjunto de estudos c proposições de profissionais que se dedicaram a realizar uma imersão no tema. Atenta, espirituosa, insistentemente e perscrutando vieses sutis e fundamentais, apresentam-nos o globo em sua materialidade, como artefato cultural, recurso pedagógico ou representação simbólica, sugerindo que possa ser examinado em sua complexidade, a partir da qual se desdobram potencialidades educativas pouco conhecidas e muitas vezes inexploradas nos currículos em ação". Stephanou, destacando nosso propósito com o livro, enfatizava que as possibilidades de trabalho com o globo terrestre anunciadas ao longo da obra "...não constituem modelos e por isso não se prestam a uma reprodução imediata na sala de aula. Exigem reflexão, crítica e participação autoral do professor. Essa autoria supõe que o professor conheça a realidade onde sua prática docente se realiza, conheça também os grupos com os quais interage, dialogue com os demais professores de outras áreas que atuam com os mesmos alunos e, por fim, conheça a si mesmo, seus limites e suas possibilidades pessoais em relação ao tema, de modo que possa realizar estudos necessários antes do desenvolvimento de projetos educativos ou de atividades específicas em sala de aula". Este era, para ela, o sentido maior dos subsídios oferecidos por este livro. Acolhemos este entendimento quanto à autoria dos professores, leitores do trabalho, como fundamental à prática em sala de aula e esperamos, como ela afirmava então, que "...se sintam instados a ver e perceber o globo terrestre de um modo diferente e que diferentemente o insiram em seus trabalhos, potencializando a descoberta de outras tantas possibilidades de sua abordagem pedagógica".

Nosso desejo, ao revisarmos as edições anteriores e lançarmos esta terceira edição, é que os leitores sintam-se convidados a se apropriarem criativamente destas páginas, que as vejam como ponto de partida para novas descobertas e constantes atualizações do seu ofício docente. Tal qual um barco movido a vela, o livro é um instrumento. Só com um professor - um navegador - atento e com objetivos claros, livros ou barcos têm rumo e sentido. Dar sentido à docência é tarefa a ser reiventada pelo leitor. Este livro quer ser vela... ou vento!

Boa leitura, bom trabalho!

SUMÁRIO

Apresentação à terceira edição ... xi
Introdução: Por que globo? ... 15

1   Conversas sobre ensino de geografia e globo terrestre ... 19

Parte I
O GLOBO TERRESTRE

2   O globo terrestre. Ideologia na pintura ... 27
3   Dos primeiros globos ao globo atual ... 33
4   A Terra representada em um globo ... 40
5   Globos e mapas em sala de aula ... 45
6   O entendimento da forma da Terra pelas crianças ... 50
7   A Terra é redonda?! Os olhares sobre a forma da Terra ... 58

Parte II
O GLOBO NOS CAMINHOS QUE (DES)CONHECEMOS

8   E a Terra se move... ... 67
9   Nem Sol nem Lua no céu ... 75
10   Puxa... Estou perdido! Como me oriento? ... 80
11   Para ler um globo terrestre ... 85
12   O grande fica pequeno ... 89
13   De olho na imagem ... 94
14   A localização na superfície terrestre ... 99
15   Sem o endereço completo, a gente não se encontra... ... 104
16   Com a longitude, o endereço está completo ... 110
17   O tempo não para... ... 115

Parte III
UM GLOBO EM NOVOS CAMINHOS

18	A cara da Terra	123
19	Na Terra, ventos e correntes marítimas não param	129
20	Os caminhos que percorremos	136
21	Onde estão os árabes?	141
22	Globo e globalização	146
30	O dinheiro não dorme!	151
24	Tudo se transforma. O ambiente também!	156

Referências   163

INTRODUÇÃO
POR QUE GLOBO?

Este livro tem origem em um *convite* e em um *desafio*: convite para discutir as possibilidades pedagógicas do uso do globo terrestre em sala de aula; desafio de entender a razão desse recurso – que chama tanto nossa atenção e que é essencial no estudo dos fenômenos geográficos – ser tão relegado nas situações de aprendizagem, ser tão esquecido e tão pouco compreendido.

Podemos indicar como marco inicial deste trabalho uma discussão que desenvolvemos a partir de uma situação aparentemente insólita. Uma aluna de escola privada e de família de classe média solicitou auxílio para preparar alguns conteúdos de Geografia para o exame vestibular. Conversando sobre as dificuldades encontradas, contou como ficara entusiasmada ao ver, pela primeira vez, um globo terrestre. Só então conseguiu entender as explicações recebidas ao longo de sua vida escolar, as quais havia memorizado sem compreender, sem que para ela tivessem sentido. Face ao espanto provocado por sua declaração – já que nunca fora aluna de escolas estaduais que, com frequência, são carentes de recursos –, reafirmou que só conhecia globos por meio dos desenhos que ilustravam os livros de Geografia. Nunca vira ou tocara em um globo "de verdade".

Quantos também não viveram esta experiência? Quantos exploraram um globo durante a vida escolar? E quantos estão conseguindo articular situações de aprendizagem que ofereçam aos alunos a oportunidade de manuseá-lo? Em quantas escolas o globo é utilizado apenas como objeto de decoração? Em quantas delas o globo não é levado à sala de aula pelo temor que seja estragado?

Discutimos tais questões, além do relato daquela aluna que remete à prática de ensino de uma escola. Essa mesma experiência não estaria sendo vivida por alunos em todo o País? A busca de respostas a esse afastamento do globo terrestre da sala de aula nos levou a refletir sobre possibilidades concretas para seu uso, além daquelas tradicio-

pensável. Um terceiro traz temas que ficam à margem do globo, como migrações ou blocos econômicos, mas em que seu uso responderia por aprendizagens mais significativas.

Cada tema ou cada título do sumário pode ser lido sem o conhecimento das páginas anteriores. Nossa intenção é que o leitor, ao procurar um tema, se sinta convidado a ler os demais, em um percurso prazeroso, ficando com a possibilidade de estabelecer sua forma própria de utilização do globo terrestre. Os personagens *Globildo* e *Globilda*, que acompanham alguns textos, objetivam tornar mais lúdica a leitura.

Este livro decorre de um trabalho desenvolvido por quatro autores. Cada texto foi elaborado e revisado em uma discussão intensa sobre cada ideia, pensando continuamente no trabalho do professor e nas situações de aprendizagem dos alunos. Ele não cobre todos os temas para exploração didática e não esgota as possibilidades de práticas para a sala de aula. Todavia, esperamos que as propostas abram um leque para outras estratégias e que cada professor altere, modifique e crie a partir das ideias indicadas e de sua experiência, que sempre é única.

Sabemos que há um longo percurso a ser vencido no que tange à formação docente e à qualificação do ensino escolar de Geografia. Nosso trabalho pretende contribuir neste espaço de formação, que deve ser permanente.

CONVERSAS SOBRE ENSINO DE GEOGRAFIA E GLOBO TERRESTRE 1

> Os mundos das crianças são imensos!
> Sua sede não se mata bebendo água de um mesmo ribeirão.
> *Rubem Alves* (2002)

É difícil admitir que o professor, sem utilizar um globo terrestre, consiga trabalhar as noções preliminares de forma e posição da Terra no espaço, fundamentais para o entendimento de vários fenômenos que nos afetam diariamente, como a alteração de luz e calor ou o deslocamento de massas de ar.

Para sabermos Geografia, precisamos ser alfabetizados na leitura dos lugares, sejam eles próximos ou distantes de nós. Isso passa, necessariamente, pelo uso de globos e mapas.

No entanto, Geografia é mais do que isso. É ir além de globos e mapas; é ter conhecimento sobre os locais e saber os porquês de objetos e de grupos sociais estarem neste ou naquele lugar. Mais importante do que localizar países "desenvolvidos" ou "subdesenvolvidos" é entender a razão de uma ou de outra condição.

Saber Geografia não é apenas evocar nomes. É reconhecer as influências, as interações que lugares e paisagens têm com nosso cotidiano. É, portanto, incluir-se no globo, sentir e agir no planeta como alguém capaz de modificar o lugar onde vive, de (re)construí-lo, e não apenas de ali estar como um personagem em um palco.

Conhecer Geografia é compreender que nossas ações decorrem de construções políticas, coletivas e históricas. Separar natureza e sociedade é uma tradição da Geografia que devemos superar. A essa tradição se associam outras, preocupantes em situações pedagógicas, como o tratamento apressado de conteúdos e o reduzido uso de recursos e atividades alternativas.

Como nas demais áreas curriculares, na Geografia, de acordo com o que se depreende de diversos estudos (Kaercher, 1998; Ligüera, 1998; PCN, 1998), também é comum que as aulas se desenvolvam, ainda hoje, a partir de estudos de textos e de exposições, e que sejam pobres quanto à perspectiva de uma interação criativa, pois ainda não há utilização de recursos variados. A seleção e a organização dos conteúdos indicam, na maioria das vezes, uma visão fragmentada de temas fundamentais.

É problemática peincipalmente a articulação entre os acontecimentos em suas múltiplas escalas, da local à mundial. A exploração de um globo terrestre é significativa para essas relações. Limitados à leitura de textos e às exposições dos professores, os alunos encontram dificuldade para interagir com as diferentes linguagens e com os recursos próprios da Geografia, isto é, os mapas, os gráficos, o globo terrestre, a saída a campo, a entrevista, as imagens diversas.

Quando, na escola, vigoram estratégias de ensino centradas na voz do professor e na passividade do aluno, além de o livro didático ainda comandar a cena em sala de aula, outros recursos de excepcional relevância – entre os quais o globo terrestre – têm seu uso relegado. É compreensível que, nesse caso, com alunos assim desatendidos, o conhecimento geográfico não seja construído e a memorização seja a forma habitual utilizada para mascarar o entendimento. Por isso, defendemos que não basta apontar ou memorizar nomes de lugares para saber Geografia. Queremos mostrar que ela é muito mais do que decorar nomes de acidentes geográficos, embora o nome de lugares e de outros elementos geográficos traga em si importantes significados para a compreensão do espaço. Quantos alunos sofreram nas aulas de Geografia memorizando nomes com o único objetivo de passar de ano? Tristes tempos! Quanta chatice em nome da Geografia! Precisam nossos alunos passar por essa Geografia da decoreba e da cultura meramente informativa, e por aquelas mesmas experiências?

Nossos alunos, se recebem informações pulverizadas e em excesso, pouco participam de um processo autônomo de construção de seu conhecimento e de ampliação dos conceitos geográficos. O resultado é que a maioria deles – e dos adultos que viveram essa experiência escolar – não compreende noções fundamentais de Cartografia e Geografia, de uso rotineiro no cotidiano, como orientação, leitura de um mapa, origem das situações de tempo, variação do horário na superfície terrestre.

O GLOBO EM SALA DE AULA

Localizar cidades, países, acidentes do relevo e oceanos é um dos usos básicos de um globo. Esta atividade, a de encontrar um lugar em um globo, permite vê-lo em um relacionamento geográfico mais amplo, na interface com outros lugares e na dimensão das verdadeiras distâncias e direções entre eles. Portanto esta é uma atividade esclarecedora e instigadora nas aprendizagens que não se limita à Geografia. O uso do globo por mais de uma área do conhecimento, na perspectiva de projetos de trabalho ou de ações eventuais, rompe com a visão tradicional da separação das disciplinas e da "propriedade" de conteúdos e de recursos por uma única disciplina.

Na Geografia escolar, um globo deveria estar presente ao serem trabalhados temas como orientação e localização, para apresentar a rede de coordenadas geográficas, para dar concretude a noções bastante abstratas quanto à posição da Terra no espaço e suas relações no sistema planetário, para esclarecer a diferença de representação espacial e as distorções decorrentes da projeção de um sólido (a Terra) sobre um plano (o papel de um mapa) e para explicar a relação entre a esfericidade da Terra e a diversidade ambiental, especialmente a climática.

O globo terrestre mostra com propriedade a localização dos fenômenos geográficos. Ele se coloca como um texto que tem uma linguagem simbólica específica cuja leitura a escola pode desenvolver. Trabalhar com esses códigos e explorar o potencial de informação de um globo é oportuno quando desejamos que os alunos cheguem a conclusões quanto à proximidade territorial, à distância entre povos, às áreas de cultivo, aos espaços em conflito, proposta que requer do professor estudo e reflexão constantes.

O globo é recurso apropriado para mostrar fluxos espaciais a grande distância. Sem um globo terrestre, teremos dificuldades para trabalhar temas que necessitam de uma exposição clara de distâncias e posições no planeta, como transportes marítimos e aéreos, comércio internacional ou migrações intercontinentais, bem como questões geopolíticas. Onde, se não em um globo, é possível visualizar com clareza a razão de o Ártico constituir-se hoje no espaço aéreo mais utilizado para os planos de rota mais curtos entre as principais cidades do Hemisfério Norte?

Mais que para registrar localizações, as atividades escolares com o globo devem ser motivadoras de questionamentos e reflexões. Marcadas as áreas em um globo, que perguntas poderiam ser formuladas e como os alunos poderiam ser incentivados a responder a elas? Mesmo que um exercício enfatize a localização, as observações posteriores e orientadas pelo professor permitirão que o grupo organize comentários e conclusões e que sejam estabelecidas relações com seu dia a dia.

Com um globo terrestre fica fácil ampliar a atenção dos alunos e familiarizá-los com os diferentes espaços geográficos. Exercícios com um globo podem representar momentos de aprendizagem de valores, como a cooperação e a solidariedade, quando um auxilia o outro no processo de aprender.

A presença de um globo na sala de aula, atendendo ao planejamento do professor, aproxima e relaciona a realidade do lugar ao que acontece em outras escalas. Sensibiliza ainda para o entendimento de que há uma relação em tudo e encaminha para a preocupação com questões de âmbito mundial, como a preservação do ambiente, os conflitos e as negociações internacionais, o atendimento às carências comuns a vários povos, como a de alimentos, bem como a objetivos que são também comuns, como é o propósito de se alcançar a paz.

O PROFESSOR E O GLOBO TERRESTRE

Apesar de todas as possibilidades de uso de um globo terrestre, o professor, quando se dispõe a utilizá-lo em sala de aula, conta geralmente com um único exemplar. Ele é colocado à frente do grupo de alunos. Essa prática é, via de regra, sua possibilidade real de trabalho na escola. Dessa forma, cada aluno ou grupo de alunos fica sem a chance de aproximação, de visualização e de manuseio desse recurso. O globo torna-se apenas uma ilustração distante do tema em foco. Reduzem-se as possibilidades de servir como instigador de perguntas, de descoberta de relações, de construção efetiva de novos conhecimentos. Com um único globo à frente da classe, o professor encontra-se na situação de quem faz uso de um único mapa, colocado na parede, para muitos alunos. Eles olham e escutam a exposição, mas, sem a devida aproximação, não conseguem visualizar nem acompanhar o que é explicado e, muito menos, interagir.

Compete ao professor a decisão de utilizar ou não um globo terrestre, bem como em que situações e formas. A necessidade de recursos apropriados parece tão vital e tão pouco atendida. É comum, no Brasil, um aluno completar sua escolarização em Geografia sem que algum professor tenha levado, em algum momento, um globo terrestre para a sala de aula. Cabe, assim, questionar a razão para que não se usem globos. Com certeza, em muitas escolas, não há um globo terrestre, assim como mapas e livros. São conhecidas as carências de nossas escolas. Por outro lado, preciso considerar que nem sempre é por falta de globos que o professor deixou de usá-los.

Uma explicação provável talvez se encontre nas dificuldades dos professores para utilizá-los nas atividades escolares. Infelizmente, em todos os Estados do País, parte dos docentes de Geografia, quando não a maioria, não frequentaram um curso de graduação em Geografia e têm grandes dificuldades para utilizar adequadamente recursos como maquetes, mapas e globos, em que pese a boa vontade e a disposição que apresentam para qualificar seu trabalho. Talvez nem mesmo cheguem a solicitar sua aquisição, e é este um forte motivo para que inexistam nas escolas. Daí a validade de sugerir e debater as possibilidades pedagógicas de se contar com globos terrestres no ensino de Geografia, de orientar o usuário de um globo quanto a práticas que pode explorar.

É interessante ainda discutir nos cursos de graduação em Geografia a formação que se precisa desencadear para a necessária transposição dos conteúdos acadêmicos dessa disciplina para uma outra abordagem, a da escola. Tratar da formação dos professores de Geografia não se restringe a uma mera sugestão de que os cursos de graduação reconheçam a realidade do trabalho docente que seus egressos deverão enfrentar nas redes de ensino. É necessário pensar na formação continuada daqueles que já estão em sala de aula, com ou sem titulação em Geografia. Nessa formação são incluídas a discussão metodológica e a utilização dos múltiplos recursos disponíveis para o trabalho docente. Há muito a ser feito! Esse caminho passa obrigatoriamente pela sensibilização dos sistemas escolares em relação à formação dos professores e à disposição para investir na Educação, suprindo as instituições com materiais necessários.

Ao professor cabe questionar-se sobre suas práticas, refletir sobre alternativas que possam qualificar seu trabalho. Isso inclui analisar suas propostas e suas ações, permitir-se dúvidas, perguntar, trabalhar com o outro, estabelecer um programa de estudos e leituras. É esse espírito investigativo que se deseja ver estendido aos alunos.

Como caminho para mudanças profundas e permanentes na educação nacional, a preocupação com a formação docente pode significar a superação de procedimentos tradicionais e a aproximação do professor à exploração do potencial pedagógico presente em tantos recursos, entre os quais os globos terrestres.

UM GLOBO EM SALA DE AULA

Sua escola tem globo? Onde está o globo em sua escola? Como você o utiliza?

A professora Elga Magda Colomby, da Escola Estadual Padre José Herbst, de São Lourenço do Sul/RS, mesmo usando um globo que, segundo ela, foi atacado por meteoritos, conseguiu demonstrar o movimento de translação da Terra para uma turma de 5a. série. Os alunos observaram o movimento da Terra e a inclinação do eixo terrestre, percebendo a razão das estações do ano e da diferença de incidência de luz e calor na superfície do planeta. Posteriormente, os alunos fizeram a representação gráfica do que observaram. Ela considera que foi sua "súper aula", tendo em vista o envolvimento dos alunos e os resultados muito satisfatórios na aprendizagem.

Com dificuldades para que os alunos de uma turma de Educação de Jovens e Adultos compreendessem movimentos da Terra, fusos horários e medidas na Terra apenas usando quadro e mapas, o professor e geógrafo Tiago Felipe Baldasso, de Porto Alegre, usou um globo e retomou aqueles assuntos. Para tanto, conseguiu emprestado um globo, já que, em sua escola, não havia nenhum. O que os alunos não entendiam, porque não conseguiam abstrair, foi facilitado com o globo terrestre. Com ele, os alunos puderam visualizar e compreender como a Terra se porta, saber a origem das informações contidas nos mapas trabalhados em aula e por que temos diferenças de horário ao redor da Terra. O resultado, segundo ele, foi muito positivo.

Parte I
O GLOBO TERRESTRE

O GLOBO TERRESTRE. IDEOLOGIA NA PINTURA

2

O globo terrestre é muito mais do que um objeto escolar: é um ícone desde a Idade Moderna e assim permanece em nossa época, tal o número de vezes em que ele aparece em nossa vida. É um símbolo que nos traz muitas mensagens silenciosas, mas permanentes.

Examinando três pinturas famosas comentadas por Cumming (1998), percebemos que os globos terrestres são apresentados sempre como sinônimo de conhecimento e progresso do homem. Expressa *status* e cultura de quem ao seu lado se encontra; ou seja, um globo serve mais do que apenas para encontrar lugares ou ensinar Geografia.

Vejamos como o globo aparece em algumas obras.

Hans Holbein pinta *Os embaixadores* (Londres, National Gallery, 1533). Entre os objetos que cercam os dois embaixadores, o globo terrestre foi posicionado de forma a mostrar os países importantes para os retratados. Holbein modificou propositalmente a reprodução do globo para incluir detalhes, como o nome do castelo de um dos embaixadores. Note a sutileza: modificar o globo para realçar o que se deseja. Ainda hoje, alguns países em conflito produzem seus livros didáticos modificando os mapas conforme seus inte-

Hans Holbein
Os embaixadores, 1533.
Fonte: Cumming, 1988a, p. 39.

resses. Até mesmo ignoram sua existência retirando alguns países do mapa. Tire-o do mapa e ele... evapora! A Cartografia tem uma longa história de uso militar e político. Hoje em dia podemos alterar fotos e mapas no computador. Devemos, então, estar atentos às intencionalidades dos autores dos mapas e das fotos, pois são "textos" cheios de significados. Os mapas têm valor não só pelo que mostram, mas também pelo que omitem.

No afresco *A escola de Atenas* (Vaticano, Stanza della Segnatura, 1511), Rafael Sanzio pinta Ptolomeu, astrônomo e geógrafo do século II d.C., ensinando que a Terra era o centro do Universo. Ele segura um globo terrestre. Junto a ele, uma figura ostenta um globo celeste. Cabe destacar que o período compreendido entre 1480 e 1520 é de um intenso debate na Europa: afinal, qual a forma da Terra? As navegações, sobretudo portuguesas e espanholas, derrubam, aos poucos, mas de forma contundente, as ideias bíblicas de uma Terra plana no centro do Universo (Randles, p. 57-75).

Outra pintura destacada por Cumming é a espetacular *Alegoria da visão*, de Jan Brueghel (Madrid, Museu do Prado, 1618). Nela um

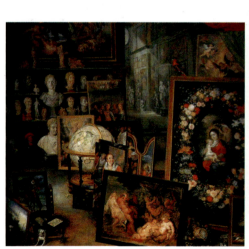

Jan Brueghel
Alegoria da visão, 1618 (detalhe).
Fonte: Cumming, 1998b, p. 37.

Rafael Sanzio
A escola de Atenas, 1511 (detalhe).
Fonte: Cumming, 1998a, p. 32.

globo imenso está no centro da sala. Essa imagem remete às viagens de descobrimento das Américas e do Oriente que introduzem na Europa plantas, animais e tesouros.

Percebe-se que a descoberta europeia da América e de outros lugares vai apresentar um "novo mundo". O estranhamento ao "novo" é tal que, durante décadas, os cientistas daquela época discutiram na Europa se os índios tinham ou não alma, se poderiam ou não ser escravizados. Em nome da fé, atrocidades foram cometidas. Questões de fé e de comércio se misturaram. Foi um tempo em que doutrina religiosa e ciência estavam muito interligadas, mas a primazia era das autoridades religiosas.

O que queremos dizer com estes exemplos? Que o globo terrestre, desde sua primeira construção, não mais hipoteticamente, mas como forma real da Terra (século XVI), é sempre visto como conhecimento, sapiência, domínio do homem sobre a natureza, da humanidade sobre o mundo. Note que representar algo nos dá a sensação de que o conhecemos e o dominamos.

Não é por acaso que, nas tradicionais fotos que registram nossa passagem pela escola, o globo aparece ao nosso lado. Também, não raro, algum mapa e/ou uma bandeira do Brasil. Podemos ter símbolos mais geográficos e cívicos do que bandeiras, mapas e globos?

A Geografia, com estes símbolos – globo, mapa, bandeira –, ajuda a construir a noção de pertencimento. Veja como é comum, quan-

Helena Réscia, em 1959. Repare como globos e mapas são sinônimos de escolarização.

PRÁTICAS PARA A SALA DE AULA

1. Peça aos alunos que localizem, no globo e em mapas, os lugares citados no texto. Procure, sobretudo em livros de arte, as reproduções dos quadros citados. Descubra algo mais sobre estes três artistas, bem como sobre as ideias que vigoravam naquela época. Se você souber de outros quadros que têm a representação do globo, apresente-os.

2. Motive os alunos a encontrarem, nos meios de comunicação, comerciais nos quais apareçam globos ou mapas. Discutam os exemplos em sala de aula. Que ideias e produtos os comerciais querem "vender"? Por que aparecem os globos ou os mapas?

3. Solicite que duplas de alunos elaborem um cartaz, a qual pode ser do tamanho de uma folha de ofício, com um anúncio publicitário em que seja usada a figura de um globo ou de um mapa.

4. Peça para os alunos trazerem uma cópia de foto tradicional da escola e também a que seus pais tiraram quando estavam na escola. Que elementos aparecem? Há elementos "geográficos" (globo, mapa, bandeira)? Por que será que aparecem esses elementos?
Se os alunos não conseguirem uma foto, que tal fazê-la? Monte um cenário ao gosto da turma e registre em fotos. Na falta da máquina fotográfica, há a possibilidade de se fazer um desenho ou uma pintura.

5. Peça que cada dupla de alunos escolha cinco bandeiras de que gostem. Não precisa ser só de países. Na sala de aula, discuta o significado de suas cores e de seus símbolos.
Depois, cada um criará uma bandeira de um país, Estado, clube imaginário ou uma bandeira da turma daquela sala. Insista no pedido de explicação do porquê das cores e dos símbolos utilizados. Após, a turma escolhe a bandeira mais expressiva para representá-la.
Por fim, junte novamente as duplas. O desafio agora é fundirem suas bandeiras em uma só. Haja negociação, haja diplomacia!

6. Observando um globo, induza-os a perceberem a quantidade de cores e símbolos usados para que nós o entendamos. O que aconteceria se você trocasse as cores e os símbolos da legenda? O que aconteceria se os alunos não entendessem a simbologia usada?

7. Procure levar um filatelista para falar com a turma. Selos de que países ele possui? Traga selos para a sala e veja o que eles retratam. Se você não tiver selos, pesquise algum artista plástico, nacional ou estrangeiro. Faça uma combinação prévia com seus alunos para evitar muitas repetições. Peça que tragam reproduções de suas obras e que pesquisem algo sobre seu país ou cidade de origem. Localize os lugares citados no globo. Procure as bandeiras dos lugares citados.

Comentários

Por meio dos exercícios, tenciona-se, a partir do globo, estimular os alunos a trabalhar, de fato, recursos novos, rompendo aquele trabalho corriqueiro que apenas pede aos alunos a cópia do que já existe. Daí a ênfase nas atividades lúdicas que os desafiem a enfrentar o desconhecido, estimulando sua capacidade de observação e descoberta. Lembre-se de que os pais, com suas diferentes profissões e vivências culturais, são excelentes fontes de informações. Cabe a nós, educadores, transformar informações em uma rede coerente e relacionada de conhecimentos e dialogar sempre com nosso cotidiano.

A foto solicitada em uma das atividades representa um rito de entrada: o ingresso formal no mundo culto e letrado. A ideia é a de que, na escola, saberemos como é o mundo. Será que a escola tem ajudado as pessoas a serem curiosas e investigadoras, ou tem sido um espaço de fortalecimento de certezas que chega a inibir as perguntas? Tem aberto nossa visão para a pluralidade, ou tem criado dogmas em nome da ciência? Como pode o professor ajudar a combater o dogma? São questões que devem estar presentes no cotidiano escolar.

Podemos fazer comparações entre as fotos dos alunos e a dos seus pais, se estiverem disponíveis. Por exemplo: cenário, vestuário, corte de cabelo, etc. O que mudou e o que permanece nas fotos?

Caso seja feito desenho no lugar da foto, pode-se discutir o que cada um vê ao desenhar. Um mesmo cenário (paisagem) terá distintas leituras. O que cada um enfatizou em seu desenho?

Note que a escala é questão importante a ser discutida. Muitas vezes, temos dificuldade de colocar, por exemplo, em uma folha de papel, as informações que desejamos. Abre-se o espaço para alertar sobre as "deformações" de representação (ver texto das projeções).

Não se preocupe com a "beleza" nas atividades. É importante também a criatividade. Pode-se usar colagens. O material da segunda atividade (comerciais com globos e/ou mapas) também serve como fonte. A "cola", às vezes, é fonte de inspiração.

do um esportista vence uma competição, comemorar com a bandeira de seu coração! Se não fosse tão incômodo, poderiam utilizar o mapa do país!

Repare como a Geografia sempre se relaciona com o Estado, com o poder, com a política. A ideia de civismo e de amor à pátria é muito explorada pelos governantes por meio da manipulação dos símbolos de caráter geográfico.

Daí a necessidade de ultrapassar a ideia de Geografia como memorização e informações soltas. É um desafio para os professores. O globo fornece apenas informações, mas elas só serão Geografia se as relacionarmos à nossa vida cotidiana. Utilizar refletidamente o globo é passo fundamental para qualificar nosso trabalho.

> **Saiba que...**
>
> ... o livro *Almanaque das Bandeiras* é uma boa usina de ideias.

DOS PRIMEIROS GLOBOS AO GLOBO ATUAL 3

A primeira representação da Terra por meio de um globo terrestre só foi possível depois que se admitiu que o planeta Terra é um astro de forma quase redonda. Esses dois fatos se relacionam intimamente. É preciso primeiro reconhecer a forma do planeta para poder representá-la.

A concepção da forma esférica da Terra (**geoide**) já estava presente entre os pensadores gregos, especialmente entre aqueles das **escolas socrática e aristotélica**. Até então, as tentativas de representação da Terra eram feitas apenas por meio de mapas elaborados com as concepções e limitações tecnológicas da época. Foi Eratóstenes, no século III a.C., quem primeiro tentou corrigir os mapas em uso identificando as distorções que ocorriam ao se projetar um corpo esférico no plano. Mas não foram elaborados globos.

Há registro de um globo terrestre construído e exibido em torno do século II d.C. (Azevedo, 1965). Essa representação da forma da Terra teria sido realizada por homens que apenas viam da Terra o lugar onde viviam, isto é, uma pequena porção da superfície terrestre. Apesar da dificuldade do reconhecimento empírico da forma da Terra, eles teriam compreendido sua esfericidade. A forma da Terra, que não é visível para quem nela está, foi concebida a partir de algumas **observações** e **analogias**.

Coube a Ptolomeu (90-168 d.C.), aceitando a concepção da esfericidade, explicar como se projeta um corpo esférico, como o

> Entre as **observações** e **analogias** que permitiram assegurar a esfericidade da Terra, antes que a viagem de Gagarin permitisse ver a Terra do espaço, estavam
>
> a) a visão de um navio ao afastar-se e ao aproximar-se de um porto;
> b) a forma esférica de outros astros visíveis no firmamento; e
> c) a sombra que a Terra projeta sobre a superfície da Lua durante os eclipses.

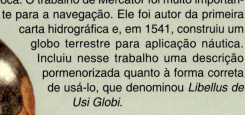

Mercator é a forma latinizada do nome de Gerhard Kremer (1512-1594), o qual criou um método novo de projeção no qual paralelos e meridianos se cruzam em ângulo reto. Essa projeção deu origem a alguns dos melhores mapas de sua época. O trabalho de Mercator foi muito importante para a navegação. Ele foi autor da primeira carta hidrográfica e, em 1541, construiu um globo terrestre para aplicação náutica. Incluiu nesse trabalho uma descrição pormenorizada quanto à forma correta de usá-lo, que denominou *Libellus de Usi Globi*.

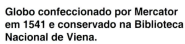

Globo confeccionado por Mercator em 1541 e conservado na Biblioteca Nacional de Viena.
Fonte: *Georama*, 1967, v. 6, p. 193.

do planeta, sobre uma superfície plana. Não há outros registros sobre a confecção de globos terrestres até a Idade Média, quando os globos começaram a ser construídos na Europa e no Mundo Árabe. Um dos mais antigos globos ainda existente é o globo de Dresden, datado de 1274. O mais importante entre os globos históricos é o de Martin Behaim, construído em 1492, a pedido das autoridades de Nuremberg, na atual Alemanha. Behaim, que vivera muitos anos em Lisboa acompanhando as navegações e a expansão colonial portuguesa sob o reinado de D. João II (1455-1495), transladou para um globo a concepção de espaço vigente naquela época.

O século seguinte (XVI) é considerado o século de ouro da Cartografia. Nele destacaram-se os trabalhos de cartógrafos espanhóis, portugueses, holandeses e flamengos. Foram feitos então os primeiros mapas modernos, entre os quais se destacaram os de **Mercator**. Também é daquele século um globo elaborado por ele, em 1541, portanto um dos mais antigos, e que se encontra na Biblioteca Nacional de Viena.

O desenvolvimento da Cartografia está relacionado às grandes navegações e ao uso de instrumentos como a **bússola**, o **astrolábio** e o **sextante**. Após a viagem de circunavegação realizada por Fernando de Magalhães e Sebastião Elcano (1512-1522), a forma da Terra

O Sputnik, primeiro **satélite artificial** colocado em órbita da Terra, foi lançado ao espaço em 1957 pela ex-União Soviética. Pode-se considerar esse fato como o marco inaugural das comunicações via satélite, da origem das comunicações globais e da quase simultaneidade entre uma ocorrência e a recepção de sua imagem em qualquer lugar do mundo.

TEXTO COMPLEMENTAR

O GLOBO DE BEHAIM

O primeiro globo moderno conhecido, datado de 1492, é o do cosmógrafo e navegador alemão Martin Behaim (1459-1507), o qual usou como referência um dos mais atuais planisférios daquela época, o de Henrique Martellos, atualizando-o com as últimas informações das viagens à África. A partir desse mapa, sob sua orientação e com o apoio de um miniaturista, foi construído um globo com 17cm de diâmetro. De acordo com o conhecimento de então, ele não apresenta nenhum continente entre o oeste da Europa e o leste da Ásia, e a oeste da Europa estão apenas algumas ilhas e arquipélagos, como Canárias, Açores e Madeira.

O globo de Behaim foi um marco para a elaboração de novos modelos. A partir dele, eminentes cartógrafos daquela época elaboraram diversos outros, tanto terrestres como celestes. Como Cristóvão Colombo e Behaim tiveram contato em Lisboa, é provável que Colombo tenha tomado conhecimento do propósito de Behaim de construir o globo. O globo de Behaim, com distâncias erradas e com a ilusão de uma viagem bem mais curta para a Índia, através do Atlântico, deve ter influenciado o projeto de navegação de Colombo.

Reprodução do globo de Martim Behaim.
Fonte: Georama, 1967, v. 6, p.137.

PRÁTICAS PARA A SALA DE AULA

 Mostre aos alunos um globo terrestre atual. Peça antecipadamente a leitura de relatos de viagens e naufrágios e a observação de mapas antigos. Leve-os a imaginar a superfície terrestre como era conhecida pelos navegadores europeus antes que tivessem chegado à América, em 1492, e ao Brasil, em 1500.

Em bolas de isopor ou outro material, os alunos devem traçar a linha do Equador e um meridiano de caráter histórico, passando pelas ilhas de Açores e Cabo Verde. O "globo", recortes dos continentes já conhecidos serão colados: Europa, áreas da Ásia e da África. Com papéis de outras cores serão anexados os continentes que os europeus encontraram: a América, a Oceania e a Antártida, como referência às navegações realizadas. Com um fio colorido, os alunos traçarão na "bola" o itinerário da viagem de Magalhães e Elcano.

Em grande grupo, os trabalhos elaborados serão o suporte para desenvolver alguns temas, como o significado de globos, mapas e invenções que foram importantes para o período das Grandes Navegações. Em relação a esse assunto, aproveite para ressaltar a ampliação do conhecimento da superfície da Terra e as consequências das navegações tanto para os ditos "povos descobridores" como para os "povos descobertos". Provoque uma discussão quanto à relação entre a tecnologia disponível e o ritmo de novas descobertas e invenções, seja no passado, seja no presente.

 Trabalhando com leituras prévias sobre viagens, duplas ou grupos de alunos produzem relatos como se fossem datados do início da Idade Moderna. A partir de viagens imaginárias, naufrágios e epopeias ligadas ao período das Grandes Navegações, eles criam diálogos e dramatizações envolvendo marinheiros em retorno a Portugal e seus familiares. Podem tentar uma produção textual, por meio de relato ou diálogo, relacionando o temor pelo desconhecido das viagens do início da Idade Moderna ao desconhecido que representam os novos mundos que eles, alunos, descobrem em seu cotidiano: da droga, da sexualidade, da AIDS, da violência, do emprego, do preconceito ou da solidariedade, da amizade, da criatividade.

deixou de ser motivo de polêmica. Os globos não mais foram vistos como representação de uma forma hipotética, mas como a representação da forma real da Terra. As viagens e as descobertas posteriores foram estabelecendo os contornos de continentes e oceanos e corrigindo as medidas até então conhecidas.

Já no século XX, a possibilidade de voar a grandes alturas e posteriormente de lançar **satélites artificiais** e de realizar viagens espaciais, promovendo a exploração do espaço exterior pelo homem, trouxe para dentro de nossas casas a imagem da forma arredondada da Terra e de seu lugar no universo. Por sua vez, o desenvolvimento da aerofotogrametria e do sensoriamento remoto resultou na precisão da representação dos espaços geográficos. Associadas ao uso da computação gráfica, essas técnicas garantem qualidade e rapidez na elaboração dos mapas-base e, por conseguinte, aperfeiçoamento da representação da Terra por meio de globos.

Comentários

A construção de um globo "de época" facilita a compreensão das dúvidas que a burguesia e os monarcas europeus enfrentavam ao organizar as caríssimas expedições marítimas e dos temores que amedrontavam os navegadores. Ao aproximarem os dois globos – confecção própria dos alunos e o globo terrestre da escola –, com mais clareza entenderão a dimensão do processo histórico das navegações europeias e o quanto de novas terras, riquezas e informações foram transferidas à Europa pela ocupação da América, da África e da Oceania.

O trabalho com textos sobre este tema permite explorar a construção do relato e do diálogo, gêneros que facilitam a compreensão dos conceitos de um componente curricular qualquer e que favorecem a aproximação desses conceitos ao cotidiano.

Saiba que...

... Cláudio Ptolomeu (90-168 d.C.) considerava que o objeto da Geografia era a representação do mundo habitável, pois as duas formas de representação da Terra estavam claras: (1) representação por um globo, com o traçado da rede de paralelos e meridianos, o que ele já então considerava ideal, porque permitia a localização exata das áreas; (2) representação pela projeção da esfera em um plano, resultando em falta de precisão nas formas e nas proporções. A forma de projetar a esfera no plano foi explicada por ele na obra *Planispherium*.

... o globo de Dresden é um pequeno globo, com diâmetro de 14 cm, representando o mundo conhecido no século XIII. Por isso, a América, a Oceania e a Antártica não constam, e a Europa, a Ásia e a África têm suas formas muito diferentes das que conhecemos. Não estão incluídas naquele globo as terras com as quais os europeus fizeram contato em decorrência das navegações modernas.

... Fernando (Fernão ou Hernán) de Magalhães (1480?-1521), navegador português, comandou a primeira expedição marítima que deu a volta ao mundo e comprovou a forma arredondada da Terra. A viagem foi iniciada com cinco embarcações em 1519, saindo de Portugal para oeste, alcançando o Brasil e descobrindo uma passagem para o Pacífico pelo sul da América. Magalhães morreu no trajeto, e apenas uma embarcação, comandada por Sebastião Elcano (El Cano ou del Cano), retornou a Portugal em 1522, dando a volta pelo sul da África.

... há muitas obras literárias que abordam viagens e naufrágios, tanto na literatura adulta quanto em textos para crianças e jovens. Escolha algumas para leitura. São sugeridas *Terra à vista*, de Eduardo San Martin; *Os aniversariantes*, de Beryl Bainbridge, e *A grande navegação de Fernão de Magalhães*, de Luiz Maria Veiga. O clássico *Robinson Crusoé*, de Daniel Defoe, é uma leitura inicial sobre o tema, assim como *Viagem ao centro da Terra*, de Júlio Verne.

GLOSSÁRIO

Astrolábio é o instrumento que os antigos astrônomos usavam para medir o ângulo formado entre o observador, o horizonte e um corpo celeste. Foi utilizado durante todo o período das Grandes Navegações, até a invenção do sextante, já no século XVIII.

Bússola é um instrumento de orientação constituído por um mostrador com a Rosa-dos-Ventos e uma agulha imantada que se alinha aproximadamente com o sentido norte.

Escolas socrática e **aristotélica** correspondem ao conjunto de seguidores das ideias e da filosofia dos pensadores gregos Sócrates (469-399 a.C.) e Aristóteles (384-322 a.C.), que desenvolveram suas ideias em Atenas e que foram, respectivamente, mestre e discípulo de Platão.

Geoide é o termo empregado para indicar a forma arredondada da Terra. Provém dos termos Geo = Terra e oide = na forma de, designando a forma própria da Terra, uma quase esfera, mais dilatada no plano do Equador e com leve achatamento no eixo dos polos. Para observar ou fotografar essa forma em totalidade, é preciso afastar-se dela mais de 25 mil km.

Sextante é um instrumento usado principalmente na navegação. Com ele é possível determinar a altura angular do Sol e a posição de navios e aviões. A navegação eletrônica tem substituído o uso do sextante na definição das coordenadas geográficas na navegação.

4 A TERRA REPRESENTADA EM UM GLOBO

Só um globo permite uma visão da Terra em suas três dimensões. Antes do surgimento dos primeiros globos, o mundo era representado de forma fragmentada, por cartas que assinalavam principalmente rotas de navegação. A construção dos primeiros globos deve ter sido difícil: foi necessário reconhecer a forma arredondada da Terra e juntar as diferentes partes daqueles quebra-cabeças, criando uma representação do planeta em sua totalidade. Para tanto, cartógrafos, como Behaim (século XV), idealizavam as etapas de construção de um globo, e miniaturistas materializavam as ideias.

Àquelas dificuldades se contrapõe a sofisticação tecnológica do século XXI. Ela permite que os globos terrestres sejam construídos com rapidez e facilidade por empresas especializadas. Para a confec-

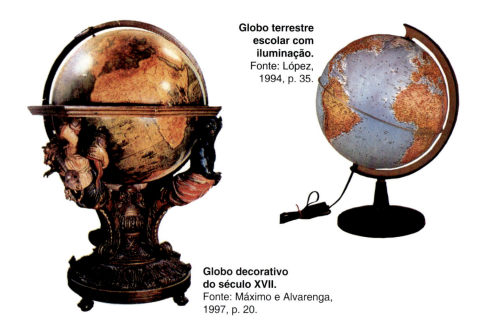

Globo terrestre escolar com iluminação.
Fonte: López, 1994, p. 35.

Globo decorativo do século XVII.
Fonte: Máximo e Alvarenga, 1997, p. 20.

ção desses globos se empregam variadas técnicas, dependendo do uso a que se destinam. Em alguns globos predominam elementos artísticos e decorativos; em outros, a precisão e as informações.

Existem globos de diferentes tipos e **tamanhos**. Há globos que valorizam características físicas, como o relevo, aspectos históricos da configuração dos continentes ou a divisão política. Há modelos que podem ser iluminados. Alguns têm dupla cartografia: física e política.

> Quanto ao **tamanho**, os globos são considerados da seguinte forma:
>
> a) pequenos (até 25 cm de diâmetro);
> b) médios (entre 25 e 35 cm) e
> c) grandes (mais de 35 cm).

Na construção de globos e mapas, a seleção das informações a serem cartografadas é fundamental para uma boa representação. Alguns elementos colocados no globo são importantes para o reconhecimento das informações inseridas. Entre esses elementos estão:

a) a rede de coordenadas, com identificação do Meridiano de Greenwich e da linha do Equador;
b) a escala, geralmente impressa junto à legenda;
c) a legenda, destacando símbolos não convencionais e, via de regra, colocada sobre áreas oceânicas;
d) o arco de meridiano em que aparecem os valores da latitude; e
e) um círculo ou calota, em geral de plástico, sobre o Polo Norte e onde há marcação para leitura das horas.

No globo escolhido para uso em sala de aula deve-se considerar, mais do que a beleza, a qualidade técnica. Ela é identificada pela presença dos elementos antes indicados, pela qualidade da impressão, o que assegura nitidez de cores e símbolos, pela precisão do traçados de linhas, pela qualidade da montagem das partes do globo.

Sempre que possível, adquira um globo com iluminação interna e, sobretudo, que tenha dupla cartografia: física e política.

Explore ao máximo o globo que você escolheu. Vale a pena!

TEXTO COMPLEMENTAR

ESCOLHA SEU GLOBO

A aquisição de um globo terrestre precisa ser um procedimento criterioso, sobretudo se ele se destinar ao uso na escola. Antes de decidir, analise-o atentamente. Há globos confeccionados de modo artesanal: gomos de papelão são colados formando a esfera, que é então revestida com material transparente, como celofane ou filme plástico. Nesses globos, devido ao processo de colagem, nem sempre há um bom ajuste entre as partes, e as emendas dificultam a leitura das informações impressas. Às vezes, uma palavra é separada pela emenda, aparecendo no globo como se fossem duas. As linhas que representam os meridianos não são ajustadas na linha do Equador e seguem deslocadas. Eles são também menos resistentes ao manuseio.

Atualmente pode-se contar com globos produzidos em escala industrial. A partir de uma folha plástica já impressa, por um processo de calor e vácuo (denominado *vacuum forming*), produz-se a esfera. Na linha do Equador, há perfeito ajuste. Assim, inexistem emendas e deformações, tão prejudiciais à leitura, e o globo tem mais resistência e durabilidade. Esse mesmo processo permite a criação de rugosidades na superfície plástica e a exposição das formas de relevo.

Um aspecto técnico a ser considerado nos globos é a apresentação dos meridianos. Em geral eles são apresentados de 15 em 15 graus, e esta é

Fábrica de globos em Paris em 1954.
Por muito tempo, a produção de globos permaneceu uma operação delicada e cara. O artesão devia colar com extremo cuidado os gomos de cartolina correspondentes a cada faixa entre meridianos de maneira a representar bem a esfericidade da Terra. Recentemente, técnicas de moldagem com materiais plásticos permitem a fabricação de globos muito precisos e de menor custo.
Fonte: Lacoste, 1996, p. 19.

considerada a melhor distribuição, já que são os meridianos centrais dos fusos horários. No entanto, há globos que apresentam outra distribuição.

Verifique se o globo possui, junto ao Polo Norte, um seletor de tempo. É um acessório que permite ler as horas nos diversos lugares da Terra. Não é indispensável, mas é um recurso complementar valioso que facilita bastante essa tarefa.

Outro aspecto refere-se à escala. Se ela não consta na legenda do globo, torna-se impossível qualquer exercício com medidas. De caráter complementar é a escala apresentada em quilômetros e em milhas, que consta em alguns globos, mas que oferece maiores possibilidades para cálculos de distâncias.

Na escolha de um globo, além destas considerações técnicas, há outros elementos que merecem atenção. É importante que o globo seja durável, lavável, resistente ao manuseio pelos alunos, em especial se forem crianças e adolescentes. Veja ainda se ele tem condições de ser transportado com facilidade. Há globos com sistema de apoio ao deslocamento, o que reduz o risco de choques e danos e oferece maior durabilidade.

PRÁTICAS PARA A SALA DE AULA

 Construa um "globo" com seus alunos. Utilize os seguintes materiais: fita adesiva, balão/bexiga de borracha, uma garrafa plástica (do tipo Pet, com areia ou qualquer outro material que a deixe pesada), cordão, cola, pedaços de papel (de jornais ou revistas), alfinete e caixa para apoio.

Os alunos enchem a garrafa com a areia. Em seguida enchem o balão. Ele deve ficar bem cheio de ar para que possa ser modelado e tomar a forma arredondada. Amarram a abertura do balão com o cordão e fixam essa abertura na boca da garrafa usando a fita adesiva.

Cheio e fixo o balão, oa alunos espalham a cola em toda a superfície e colocam pedacinhos de papel sobre a cola. Fazem isso sucessivamente. É preciso deixar secar cada camada antes de começar a seguinte. Essa operação deve ser repetida cerca de seis vezes para que a cobertura de papel fique espessa.

Depois que as camadas de papel estiverem secas, os alunos retiram o balão da boca da garrafa e o estouram com um alfinete. Colam um pedaço de papel onde estava a boca da garrafa. Cada um terá, então, uma esfera que servirá como um globo. Fazem, com uma caixa, um apoio para o globo.

Por fim, observando um globo terrestre, desenham em seu globo a linha do Equador, o meridiano de Greenwich, os Trópicos e os Círculos Polares.

 Sugira que os alunos façam uma consulta bibliográfica sobre as bases militares dos Estados Unidos da América no mundo. Usando o globo que construíram com o balão, desenham o contorno aproximado dos continentes e a localização das bases. Utilizando um globo terrestre como referência, analise e discuta com o grupo as informações que conseguiram e outras observações. Proponha que elaborem um texto sobre o tema.

Comentários

A primeira atividade tem como objetivo a produção de globos individuais. Com uma visualização privilegiada, é possível observar com mais facilidade, estabelecer relações, contextualizar e elaborar comentários que poderão suscitar novas indagações.

A localização das bases militares é um exemplo de como é possível valorizar a possibilidade de cada aluno trabalhar seu próprio globo. À medida que se vai identificando o lugar de cada base, inicia-se um processo de descoberta de relações que favoreçam a percepção do espaço de influência dos Estados Unidos da América no mundo, a análise da hegemonia dessa nação e a compreensão do jogo geopolítico mundial.

GLOBOS E MAPAS EM SALA DE AULA

5

Em sala de aula, há momentos para o uso do globo e há momentos para os mapas. O importante é a clareza de nossos propósitos em relação aos conteúdos de aprendizagem que pretendemos trabalhar, bem como o conhecimento das possibilidades pedagógicas que essas representações da Terra oferecem.

Ainda que a Terra não seja uma esfera perfeita e um globo a represente como se fosse, ele é a única forma de ver a Terra por inteiro, reduzida proporcionalmente em todas as suas dimensões. Já o mapa é a expressão no plano de superfícies que são curvas, como as terrestres e as oceânicas. Portanto, o mapa sempre apresentará deformações.

> Sobre **projeção** e **escala** procure ler os textos neste livro (p.82).

Em um globo, usando uma **escala**, é possível medir a **distância mais curta** entre dois pontos e indicá-la em quilômetros ou outra unidade de medida. Só em um globo distâncias, áreas e direções podem ser observadas sem as distorções que uma **projeção** necessária à construção de um mapa acarreta.

> A **distância mais curta** entre dois pontos na Terra pode ser medida diretamente em um globo. Essa medida encontra-se no segmento de um círculo que passa pelos dois pontos. Para obtê-la, utilizando uma fita flexível, marca-se a distância entre os pontos. Transpondo-se a medida na fita para a linha do Equador, verifica-se a correspondência de graus. Sabe-se que, na linha do Equador, 1º corresponde a 111,3 km. Basta fazer a devida multiplicação.

Vantagens do uso do globo terrestre:

- 🌎 é a representação que mais se aproxima da realidade, porque a forma de um globo é muito semelhante à da Terra;
- 🌎 mostra, em totalidade, os continentes, os oceanos e outros importantes elementos físico-geográficos da Terra;
- 🌎 dá uma visão geral dos aspectos físicos e da divisão política de nosso planeta;

- traz a rede de coordenadas geográficas (paralelos e meridianos) completa e sem distorções;

- permite o cálculo direto das distâncias mais curtas e o traçado de rotas para navegação;

- pode ser movimentado, posicionando o eixo terrestre de diferentes maneiras, fugindo à visão estereotipada de norte em cima e sul embaixo que se constrói por uma leitura inadequada dos mapas, que não podem ser reposicionados, com esse objetivo, com a mesma facilidade;

- possibilita a simulação dos movimentos da Terra e a consequente compreensão da sucessão dos dias e das noites, das estações do ano, dos fusos horários, dos eclipses, etc.;

- suscita muitas indagações e reflexões naqueles que o movimentam e o consultam;

- é um objeto que magnetiza a atenção em qualquer faixa etária.

Um dos inconvenientes do uso de globos está na questão da escala. Se reduzirmos muito, isto é, se usarmos uma escala pequena para torná-lo viável ao manuseio, teremos dificuldade para apresentar grande quantidade de informações e para oferecer os detalhes de uma área, o que é possível nos mapas. Por outro lado, **globos grandes** são menos acessíveis economicamente e mais difíceis de transportar.

> São raros os globos com mais de 50 cm de diâmetro. Por outro lado, o globo Langlois, no entanto, tem 40 m de diâmetro. Foi construído em 1824 na França e é talvez o maior globo do mundo. **Globos grandes**, com até 10 m de diâmetro, são utilizados com efeito ornamental. Normalmente estão nas sedes de grandes empresas, especialmente naquelas do setor de comunicações, ou em museus.

PRÁTICAS PARA A SALA DE AULA

 Coloca-se um grupo de alunos sentados ao redor de um objeto tridimensional qualquer, como um estojo, um vaso, uma mochila. Inicialmente, de posse de folhas de papel e material para desenho, cada um do grupo representa o objeto que está a sua frente. Deve anotar, no canto da folha, a redução aproximada do desenho em relação ao tamanho real do objeto. Para efetuar essa anotação, o professor precisa explicar o que é redução e proporção, orientando o cálculo a partir dos seguintes questionamentos: é possível desenhar o objeto em seu tamanho real na folha de trabalho? O desenho possui as medidas do objeto? As medidas são maiores ou menores que o real?

Concluída esta etapa, os alunos passam a moldar com argila ou massa de modelar o objeto em exposição. Ao término, deverão anotar a redução que usaram para executar o trabalho.

Com o desenho (representação bidimensional, que corresponde a um mapa) e a escultura (representação tridimensional que corresponde a um globo), o professor solicita aos grupos que se manifestem sobre a melhor representação do objeto, a representação mais "real", descontadas as deformações e a criatividade dos "artistas". Eles observarão que, no desenho, foi impossível apresentar a profundidade, uma das dimensões do objeto representado. Assim, todos os elementos que o constituem estão na mesma posição na folha. O professor prosseguirá questionando sobre as vantagens de uma representação em relação a outra, avançando na compreensão das diferenças entre mapas e globos na representação da Terra.

 O professor seleciona antecipadamente um conjunto de países, em diferentes latitudes, para que os alunos, em grupos, comparem as áreas territoriais pela observação de um mapa. É importante que os países sejam observados no mesmo mapa, preferencialmente um planisfério, para evitar comparações usando mapas em escalas e projeções diferentes. Feita a observação, os alunos anotam os países maiores ou qual é o maior em um conjunto de dois países.

O professor pede, então, que realizem a mesma tarefa com um globo terrestre, isto é, que observem e comparem as áreas dos mesmos países. Ao término, os grupos analisam os resultados obtidos com o mapa e com o globo e explicam por que as áreas solicitadas se apresentam diferentes em uma e em outra forma de representação, decidindo sobre a que mais se aproxima da forma e da extensão real das áreas dos países escolhidos.

3. Na mesma linha de exercício anterior, peça aos alunos que escolham em um atlas dois países quaisquer localizados em continentes diversos e em diferentes distâncias da linha do Equador. É provável que, na escolha, usem mapas em escalas variadas. Escolhidos os países e comparadas as áreas, indica-se o maior. Depois solicite que localizem os mesmos países em um globo e que comentem sobre o que concluíram em relação ao tamanho dos países no mapa e no globo. Qual dos países tem maior extensão? Quão maior ele é no mapa? E no globo? A diferença de tamanho observada no mapa é a mesma que se observa no globo? Caso tenham usado diferentes escalas na observação nos mapas, aproveite para trabalhar a questão da escala.

4. Proponha uma situação de estratégia comercial aos alunos. Grupos de alunos serão empresários de um setor que produz bens perecíveis, como flores, ou que necessitam ser entregues rapidamente em outras nações, como medicamentos ou jornais, o que exige transporte aéreo. O grupo decidirá o que produz e as três capitais de países que receberão tal produto. Com um planisfério, os alunos escolherão as três rotas aéreas mais curtas e farão o registro delas. Para tanto, usarão pontos cardeais e o valor aproximado em graus de um paralelo ou de um meridiano. Por exemplo, da área de produção para a capital do país X, cujas coordenadas são..., seguindo para leste, acompanhando o paralelo... ou indo para o sul acompanhando o meridiano...

Definidas as três rotas, usando o mapa, o grupo passará ao globo e, com um barbante, medirá as distâncias entre a empresa e a capital a ser alcançada. Farão medidas para voar para leste e para oeste ou pelos polos. Com essas medidas, verificarão se a decisão tomada por meio do do planisfério coincide com a decisão que tomariam usando um globo. Se não houver coincidência quanto à menor distância, formularão uma hipótese para explicar os dados diferentes a partir da observação do mapa e do globo.

Comentários

A primeira atividade é sugerida para auxiliar a construção de conceitos que exigem maior abstração – projeção e escala. Ao desenhar e moldar um objeto que tem três dimensões (altura, largura e profundidade), o aluno percebe, com mais clareza, as dificuldades para representar a Terra no plano ou para apresentar detalhes em uma moldagem. Ele transfere essa discussão para a situação de mapas e globos. É uma atividade que explora noções de grandeza e de proporcionalidade, indispensáveis para compreender escalas cartográficas.

As demais atividades oportunizam o entendimento das deformações presentes em um mapa e a vantagem de consultar um globo no que tange às relações entre áreas e distâncias. Ele encaminha também para questões de poder presentes na elaboração de um mapa. A escolha de uma projeção e de uma escala para representar em um mapa uma determinada área é feita segundo os objetivos que temos: localizar uma ocorrência, ressaltar um fenômeno. Há sempre fins para o mapeamento. Não são poucas as situações em que, sem cometer erros, mas usando uma projeção que destaca ou reduz uma área comparativamente a outras, pode-se conduzir o leitor a tirar conclusões indevidas, mas que servem aos interesses de quem promoveu o mapeamento. Esse tipo de distorção e seu aproveitamento ideológico não acontecem tão facilmente em um globo.

É comum que os alunos, sobretudo adolescentes, gostem de simulação e de estratégia bélica na linha dos jogos de batalha naval. O último exercício pode ser feito assim, simulando conflitos internacionais e incluindo rotas de ataque por mar, o que representa um complicador e um desafio no traçado de rotas. Na perspectiva de uma educação voltada à paz e em um mundo onde são intensas as trocas comerciais e as viagens aéreas transcontinentais, optamos por atividades menos belicistas e mais cotidianas.

6 O ENTENDIMENTO DA FORMA DA TERRA PELAS CRIANÇAS

> – Você é brasileiro? – Não, eu sou gaúcho. – Então você é brasileiro?! – Não, eu sou gaúcho. – Mas teu papai é brasileiro? – Não, ele é gaúcho. Desde então, habituamo-nos a perguntar: – Você é gaúcho? Às vezes, porém, mesmo sendo do Rio Grande do Sul, a criança responde: – Não, eu sou brasileiro. [...] Permanece a dificuldade de a criança compreender que uma parte inserida em um todo faz realmente parte deste todo, e que um homem fixado na parte continua, não obstante, no todo.
>
> *Piaget*, p. 117-118, com adaptação do nome dos lugares.

Boas surpresas teremos quando paramos para perguntar: será que todos os que falam meu idioma me entendem quando falo? Quando dizemos uma só frase, será que todos a entendem da mesma forma? Os entendimentos e as percepções podem ser muito diferentes. Às vezes, isso é bom, porque provoca diversidade de opiniões, mas, outras vezes, gera simplesmente confusão. Cada um tem sua história, um ritmo de aprendizagem próprio e faz a leitura do mundo em que vive de forma particular.

Saber empregar uma palavra não significa que se entende seu sentido. Queremos dizer que, por trás de uma frase curta e simples como "A Terra é redonda", é possível que ocorram intrigantes interpretações. A concepção quanto à forma da Terra é um exemplo de que, mesmo falando sobre o mesmo objeto e na mesma língua, podemos ter entendimentos muito variados.

As ideias e os desenhos que seguem são tomados do belo e complexo texto sobre *La Tierra como cuerpo cósmico*, de Joseph Nussbaum (1998). Nele, o autor alerta para o paradoxo entre as ideias científicas acerca da forma da Terra e nossa percepção empírica imediata. A Terra em que vivemos é uma "esfera" finita, está cercada pelo espaço infinito e nela as coisas caem em direção ao centro da Terra. No entanto, como será que as crianças – e não só elas – entendem tais noções? Afinal, essa forma da Terra contradiz nossa experiência cotidiana que "mostra" que:

a) a Terra é infinitamente plana;
b) o céu está paralelo à Terra e a envolve;
c) os objetos caem formando linhas paralelas.

Nos desenhos que seguem as diferenças entre as duas concepções está representada.

Concepção empírica imediata (esq.) e concepção científica (dir.).
Fonte: Nussbaum, 1998, p. 261-262.

Para entender a Terra como uma esfera, como um corpo cósmico, é preciso imaginar-se fora dela. Não é fácil! É um exercício de abstração que envolve uma descentração do sujeito em relação ao objeto. É preciso romper um natural egocentrismo, tendência de interpretar o mundo segundo nossa própria perspectiva, superando a percepção imediata que encaminha a ideia de que a Terra é plana e que tem um firmamento horizontal.

O curioso é que, mesmo repetindo a explicação de que a Terra é uma "bola", as crianças e mesmo muitos de nós reinterpretamos essa afirmativa de várias formas. São visões de diferentes complexidades. Há uma sucessão de leituras que vão superando paulatinamente a ideia de uma Terra plana passando para a visão de uma Terra "esférica". O mesmo processo ocorre para superar a ideia de um céu paralelo e limitado à parte onde estamos para a ideia de espaço infinito que envolve toda a Terra, bem como para ultrapassar a ideia de que o espaço é uma espécie de cenário, "pano de fundo" que contém o céu e a Terra.

Superar o egocentrismo e imaginar a Terra como um corpo cósmico é uma exigência cognitiva complexa.
Fonte: Nussbaum, 1998, p. 264.

Também a substituição da ideia absoluta pela relativa de acima/abaixo tem seus estágios. Inicialmente, quem está no outro lado da Terra estaria de cabeça para baixo e/ou cairia para "fora" do planeta. A queda dos objetos se daria em linhas paralelas e perpendiculares à Terra. Aos poucos essa rigidez se esvai: o norte não está acima do sul ou o contrário disso, e admite-se que os objetos caem em direção ao centro da Terra.

A substituição dessas três ideias de ampla admissão – Terra plana, céu paralelo à Terra e queda dos objetos em linhas paralelas e perpendiculares ao solo –, que correspondem ao senso comum, é fundamental para termos um entendimento "científico" da forma da Terra. Essa substituição não se dá de uma hora ou de uma aula para a outra. Há estágios intermediários nessa construção e, para ela, é clara a importância de uma alfabetização ampla e qualificada.

Vejamos, conforme Nussbaum, algumas interpretações infantis para a redondeza da Terra:

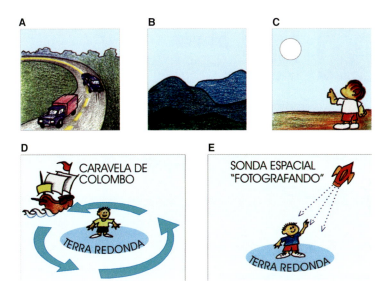

Interpretações infantis.
A criança acredita que a Terra em que vivemos é plana e que sua redondeza aparece nas curvas de uma estrada, como na figura (a), nas formas das montanhas (b), na forma de algum astro no céu (c), no fato de estar cercada por oceanos (d), porque se pode ver pelas imagens tomadas do espaço (e).
Fonte: Nussbaum, 1998, p. 272.

Por meio de um esquema explicativo, o autor expõe o processo de ampliação conceitual de uma noção mais egocêntrica e estrita ao empírico de Terra plana, céu paralelo à Terra, acima/abaixo paralelos e perpendiculares ao chão, conforme a noção 1 no esquema que segue, até a noção mais "descentrada" e "científica" de Terra esférica, céu infinito e expandido para todos os lados, acima/abaixo em relação ao centro da Terra (noção 5 do esquema) que passa por níveis intermediários, que conciliam aspectos contraditórios (não é "este" ou "aquele", pode ser "este" e "aquele").

Se nós, educadores, desafiarmos criativamente nossos alunos, com mais facilidade eles superarão seu egocentrismo e conseguirão ver e sentir os pontos de vista dos outros, habilidade fundamental que será utilizada ao longo de toda a sua vida.

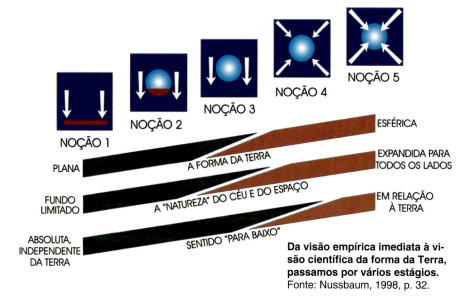

Da visão empírica imediata à visão científica da forma da Terra, passamos por vários estágios.
Fonte: Nussbaum, 1998, p. 32.

TEXTO COMPLEMENTAR

CUIDADO COM AS PALAVRAS!

Cuidado com as palavras entre nós e nossos alunos! Elas não são autoexplicativas. Precisam ser esclarecidas. Não basta haver ensino para haver aprendizagem. Logo, não adianta "correr" com o conteúdo. Mais importante que vencer todo o programa é o aluno apropriar-se da discussão e (re)construir seu saber. Piaget vai nos alertar para o papel do egocentrismo: há dificuldade de relativizar, abstrair, sentir-se e ver-se no lugar do outro. E isso não tem a ver com a falta de informação. Exemplo: para alguns, é difícil entender que Santa Catarina está ao norte do Rio Grande do Sul, e, ao mesmo tempo, ao sul do Paraná.

Outro exemplo é a explicação para o enunciado e a pergunta do tipo "A Terra é redonda como uma bola! Onde está esta bola?". A resposta, não raro, segundo a pesquisa de Nussbaum, é: "Estamos dentro da bola" – e desenham a

Fonte: Nussbaum, 1998, p. 276.

Terra plana. O que é redondo, como uma bola, é o céu. Veja o desenho que ilustra esta concepção.

Há visões semelhantes que tentam juntar leituras de uma Terra plana com informações científicas mais elaboradas. Os desenhos das crianças, de acordo com o estudo de Nussbaum, expressam essas leituras. Na primeira figura, o Sol, pela noite, "está debaixo de nós". Na segunda, há uma confusão/acomodação de conceitos abstratos como céu, ar e espaço!

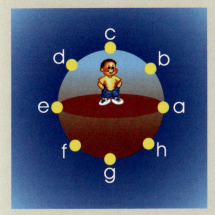 

Fonte: Nussbaum, 1998, p. 276.

O que para muitos parece claro, para outros são sinuosos caminhos investigativos, hipóteses que conciliam, muitas vezes, visões antagônicas. O importante é deixar livre a exposição de hipóteses e a elaboração de perguntas, porque só assim vamos organizando e construindo os conhecimentos em direção a conceitos mais sistematizados.

Por fim, cabe alertar que há toda uma rica discussão dentro da Educação acerca da propriedade de termos como *científico* e *senso comum* e sua hierarquização. Geralmente o conhecimento científico é considerado "superior" ao conhecimento popular/senso comum/infantil. Aqui não faremos esse debate. Cabe, no entanto, deixar claro que, embora a construção do conhecimento científico seja uma das tarefas da escola, ele não pode ser mitificado e considerado inquestionável ou verdadeiro. E nem se deve pretender que o objetivo da escola seja a remoção ou a substituição do conhecimento popular pela ciência. Devemos tensionar permanentemente ambos, pois cada um tem sua validade e suas limitações.

PRÁTICAS PARA A SALA DE AULA

 Observe o Desenho 1. Reproduza e distribua para os alunos. Peça que desenhem simulando posição da água nas garrafas que estão "de cabeça para baixo".

Desenho 1.
Fonte: Nussbaum, 1998, p. 266.

Observe o Desenho 2 para orientar-se na solicitação aos alunos. Peça que, em uma folha, desenhem um círculo para representar a Terra. Diga que, na superfície, eles desenharão alguns bonecos. Num globo terrestre, vá mostrando os pontos em que eles devem desenhá-los.
Feito o desenho dos bonecos, o aluno irá imaginar cada um deles atirando uma pedra para frente e, em seguida, desenhar a linha que representa a queda de cada pedra lançada. Para onde irá a pedra?

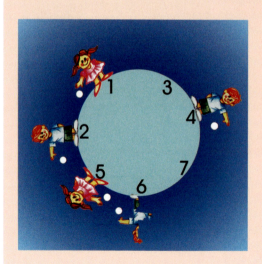

Desenho 2.
Fonte: Nussbaum, 1998, p. 268.

56 ■ Schäffer, Kaercher, Goulart e Castrogiovanni

Comentários

As atividades propostas também estão baseadas no texto de Nussbaum (1998, p. 266-269). Elas se destinam a crianças que estão nos anos iniciais de escolarização. Ao fazer as simulações propostas nos exercícios em um globo terrestre, evidentemente, são obtidos resultados que vão na direção do egocentrismo primitivo, ou seja, a água da garrafa que está voltada "para baixo" cairá, a pedra cairá no chão, na mesa, etc. O globo, como é um modelo, não simula a força da gravidade. Pode-se alertar que muitas experiências que a ciência faz em laboratório simulam ou idealizam situações dificilmente encontradas na realidade cotidiana.

Sem ouvirmos atentamente as hipóteses que nossos alunos elaboram para explicar os mais diferentes fenômenos, corremos sérios riscos de não percebermos como as crianças nos entendem, desperdiçarmos o tempo e aborrecermos os alunos. A escola deve ser um espaço de diálogo real. Ouvir atentamente as hipóteses dos alunos é imprescindível.

Há uma longa caminhada para superarmos o egocentrismo primitivo e percebermos a relatividade das posições. Por isso, temos necessidade de alfabetização de noções espaciais – acima, abaixo, esquerda, direita, leste, oeste, norte, sul, etc. – de forma prática e constante.

É interessante observar este processo de entendimento que a escola pode promover sobre a forma da Terra e sua posição no espaço, sobre as implicações na vida de cada um. Cada indivíduo segue a mesma lógica, a mesma linha de raciocínio que a humanidade desenvolveu no passado. Parece haver uma íntima ligação entre a história dos indivíduos e a história da humanidade!

7 A TERRA É REDONDA?! OS OLHARES SOBRE A FORMA TERRA

Qual a forma da Terra? Quem está no centro da Terra? Quais são os contornos das terras emersas? Como é a Terra vista de "fora" dela mesma?

Hoje, desde os primeiros anos de idade, muitos já sabem responder a essas questões. Nem é mais preciso falar sobre a forma da Terra: basta mostrar um globo terrestre ou uma foto da Terra vista do espaço. O que agora é tão simples foi discutido durante séculos. Até os satélites captarem a imagem da Terra e **Gagarin** dizer "A Terra é azul" passaram-se milhares de anos.

Bem antes de Cristo, os gregos acreditavam que a Terra era chata e redonda, como um disco, e que o mundo grego ocupava seu centro. O ponto central era o Monte Olimpo, a residência dos deuses. Posteriormente, os gregos desenvolveram raciocínios que permitiram concluir ela era arredondada, quase uma esfera.

Com a expansão do cristianismo (após o século IV d.C.), a Igreja Católica, com sede em Roma, ganhou prestígio. Construiu-se uma outra visão de mundo. O centro do universo passou a ser Roma, e a Terra voltou a ser considerada plana. Ideias diferentes das da Igreja Católica poderiam ser punidas com severidade. A polêmica **heliocentrismo** *versus* **geocentrismo** perdurou por séculos.

O astronauta soviético Yuri **Gagarin** (1934--1968) foi o primeiro ser humano a ver a Terra do espaço em 12 de abril de 1961, ocasião em que disse a frase que o celebrizou. Desde a década de 40 do século passado, os Estados Unidos disputavam com a União das Repúblicas Socialistas Soviéticas (URSS, extinta em dezembro de 1991) a primazia do mundo. A disputa espacial atingiu seu ápice quando os astronautas Neil Armstrong e Edwin Aldrin fincaram na Lua, em julho de 1969, a bandeira estadunidense. Mais do que de um feito científico, estamos diante de uma disputa geopolítica e ideológica. A corrida espacial representa bem os tempos da chamada Guerra Fria, quando capitalismo e socialismo tentavam provar, não raro pela força, sua superioridade.

No fim do século XIV e início do XV, no período das Grandes Navegações, chegou-se empiricamente ao formato da Terra. Entretanto, seus contornos só foram conhecidos bem mais tarde, já que a apropriação da Austrália pelos europeus se deu nos fins do século XVIII, quando o inglês James Cook lá aportou em 1770. Portanto, há pouco mais de 200 anos ainda não se sabia, com exatidão, os limites entre terras emersas e oceanos!

Só no século XX, no final da década de 60, foi que os satélites artificiais conseguiram mostrar a Terra em totalidade, permitindo que, pela primeira vez, tivéssemos a prova visual da forma do planeta.

O que hoje é óbvio nem sempre o foi! Às vezes, pensar diferente dos poderosos põe em risco a vida, como aconteceu com estudiosos que contestaram a Igreja Católica. Ao mesmo tempo, ideias inovadoras surgem e podem conduzir a grandes descobertas!

TEXTO COMPLEMENTAR 1

O "CENTRO" NEM SEMPRE ESTÁ NO CENTRO

Ser/estar no centro é uma ideia que acompanha os povos e as pessoas. É interessante observar que, dentre outros, os antigos egípcios (norte da África) e os incas (atual Peru e vizinhos, na América do Sul) também acreditavam que eram o "centro do mundo", pois se achavam superiores aos outros povos. Cuzco, capital dos incas, significa "umbigo da Terra". Os incas consideravam-na o centro do mundo. Chamamos isso de etnocentrismo.

Essas ideias de "centro", "periferia", "longe", "perto", "em cima", "embaixo" continuam arraigadas em nós, inclusive no vocabulário. "Oriente Médio" ou "Oriente Próximo" (Israel e vizinhos árabes), "Extremo Oriente" (China, Japão) são meio e extremo de que ponto de vista? Do europeu! Se o mundo é uma "bola", ele não tem centro na superfície, não tem "em cima", "embaixo". Logo, é incorreto dizer "Eu vou subir do Rio Grande do Sul para Minas Gerais", "Eu vou descer da Bahia para São Paulo". O Norte não está em cima do Sul. Subir é simplesmente ir no sentido do céu, e não para o Norte. Descer é ir para o centro da Terra, e não para o Sul. Veja o rio São Francisco, que corre para o Norte! Pode algum rio subir?

Movimentar o globo, liberando o eixo Norte-Sul ou eixo polar da posição fixa em que normalmente está nos globos, facilita a superação dessas associações errôneas.

TEXTO COMPLEMENTAR 2

CADA CABEÇA UMA SENTENÇA

Em cada época e em cada sociedade algumas ideias são divulgadas como verdades inquestionáveis, que todos devem aceitar. Em muitos momentos, quem não as aceita, hegemônicas em sua época, corre riscos. Ao longo do tempo, muitas delas não eram as mais corretas ou sensatas. Mas, então, por que prevaleceram? Porque correspondiam aos interesses daqueles que detinham o poder, inclusive o poder para divulgar, acolher ou rejeitar ideias, mesmo que, neste último caso, fosse necessário sufocá-las pela força. Mas novas ideias brotam mesmo nos ambientes mais hostis.

Não vemos as coisas somente com os olhos. Vemos com o cérebro. A cabeça de uma pessoa não vê as mesmas coisas que outra. Também cada povo, cada época, cada cultura têm um olhar diferente para um mesmo objeto, personagem ou fato histórico. Isto é, o conhecimento depende muito do entorno social, do contexto histórico em que vivemos.

Ter ideias diferentes das hegemônicas pode ser perigoso. O julgamento do astrônomo Galileu Galilei (1564-1642) ficou célebre. Mesmo tendo razão na polêmica sobre o movimento de rotação da Terra, teve que se retratar diante dos tribunais religiosos da Inquisição. Naquela época, a separação entre religião e ciência era quase nula na Europa. Atribui-se a Galileu a frase: "E, no entanto [a Terra] se move".

PRÁTICAS PARA A SALA DE AULA

1. Organize com os alunos um levantamento sobre como as pessoas pensam que surgiu o mundo, como surgiu a vida na Terra, por que a Terra tem forma arredondada e como ela surgiu no universo. Cada aluno pode entrevistar dois parentes, por exemplo. Antes, devem elaborar coletivamente a entrevista em sala de aula. Depois, discuta com eles as ideias e as concepções relatadas. Qual a fronteira e as limitações da ciência e da religião?

2. Solicite aos alunos que, em dupla, elaborem um roteiro de viagem para cidades consideradas sagradas. Em cada um dos lugares escolherão atrativos turísticos para visitar. Eles precisarão justificar os motivos das escolhas. Se possível, trarão figuras, fotos e mapas dos lugares escolhidos.

3. Proponha aos alunos procurarem informações sobre as antigas civilizações – egípcias, incas, astecas e gregas – em livros, na internet, em outras fontes. Se conhecerem alguém que nasceu, morou ou visitou esses lugares, sugira que procurem conversar com esta pessoa e levem para o grupo o que descobriram. Talvez o entrevistado possa indicar algum legado de cada uma dessas civilizações.

Com o auxílio do globo, peça que observem que as três primeiras civilizações citadas estão na faixa tropical (quente), e a grega se encontra na porção mais quente do Mediterrâneo! Atualmente, essa distribuição é outra: os lugares ditos "desenvolvidos" estão, em sua maioria, na faixa climática temperada. Promova a discussão sobre a importância ou a influência da natureza para uma civilização.

 Questione a razão de Jerusalém ser tão importante para as três grandes religiões monoteístas. Sugira que façam uma pesquisa bibliográfica ou entrevistem ministros religiosos.

Faça também um levantamento das religiões praticadas pelas famílias dos alunos. Pode-se fazer uma apresentação especial, sobretudo das religiões minoritárias (as não cristãs), para que possamos entendê-las melhor.

Comentários

A ideia intencionada com as atividades não é sufocar os alunos no ativismo, mas sim motivá-los a buscarem novas informações. Escolha as mais adequadas.

As informações precisam ser discutidas em aula e, sobretudo, relacionadas ao nosso cotidiano, em uma tentativa de diluir as fronteiras entre a escola e a vida fora dela e de estreitar os laços entre ambas.

Portanto, se houver fôlego ou interesse, pode-se também fazer a discussão dos temas geocentrismo e heliocentrismo, papel da Igreja Católica, Inquisição, humanidade do índio, etc. Parcerias com professores de diferentes áreas são ótimas oportunidades pedagógicas. Aventure-se e não receie, pois desconhecemos muitas coisas e descobriremos com os alunos muitas "novidades".

Ao se falar da criação da Terra, do Universo ou da vida, é quase impossível excluir crenças religiosas e míticas tão arraigadas entre nós, o que ajuda a entender a grande influência que a Igreja possuía em termos de ciência, pois a separação entre elas foi sendo construída durante séculos, sobretudo após o Renascimento. Mas é com o capitalismo (urbanização, industrialização, burguesia no poder) que essa ruptura ganha força. Comente com os alunos a tradição determinista que a Geografia teve no passado. Era comum imputar aos climas quentes a inaptidão dos povos ao progresso.

Na terceira atividade, é preciso ver a viabilidade prática dos roteiros escolhidos e discutir o tempo perdido nos deslocamentos e na espera nos aeroportos. A noção de escala e distâncias pode ser retrabalhada evitando a matematização excessiva do tópico. Essa atividade, além de informativa e lúdica, permite retomar a importância de um globo na definição de uma rota.

Saiba que...

... os gregos tinham também teorias explicativas que não se baseavam na mitologia quando o assunto era a forma da Terra. Eratóstenes (275-194 a.C.), com um raciocínio genial, calculou a circunferência da Terra, baseando-se em sombras projetadas no fundo de um poço no dia do solstício de verão. Claudio Ptlomeu (90-168 d.C) elaborou uma teoria planetária, o Geocentrismo ou Sistema Ptolomaico, aceito até o século XV. Nele, a Terra é o centro do universo, e os planetas e o Sol giram circularmente em torno da Terra.

... a apropriação europeia do mundo levou séculos. Na América, Colombo acreditou que chegara na Índia – daí o nome, "índios" –, pois tinha informações de que o mundo era bem menor do que de fato era. Na Austrália, o europeu encontrou os aborígines. O resultado desse contato foi terrível para os povos nativos: doenças, escravidão, perda de terras, etc. O nome América deriva de Américo Vespúcio, navegador italiano que identificou na "Índia" de Colombo um novo continente que não as Índias. Para Colombo coube uma homenagem no nome de um país: Colômbia. Já o conhecimento dos contornos da Antártida deu-se somente nas primeiras décadas do século XX.

... as Grandes Navegações são um período histórico fascinante. Aqui, muitos fatos poderiam ser destacados. Restringir-nos-emos a três epopeias lusitanas! Além do "descobrimento" do Brasil (abril de 1500), outros dois têm simbolismo especial para a "esfericidade" da Terra. Em 1488, Bartolomeu Dias contornou o sul da África. O então Cabo das Tormentas transformou-se no Cabo da Boa Esperança. Fernando Pessoa, poeta português, imortalizou o feito em um epitáfio a Bartolomeu Dias: "Jaz aqui, na pequena praia extrema, o Capitão do Fim, dobrado o Assombro, o mar é o mesmo: já ninguém o tema! Atlas, mostra alto o mundo no seu ombro". O referido cabo não é o fim do mundo. O Assombro (o mar), onde havia o medo e se perderiam os navios, caídos em precipícios, passa a ser a passagem para a cobiçada Índia. O mar é o mesmo! Outro feito notável foi a circunavegação do globo feita por Fernão de Magalhães (1519-1522) que provou, de vez, a redondeza da Terra.

O desconhecido nos apavora e fascina! E se a Terra fosse plana?

... Atlas, deus grego, foi condenado por rebelar-se contra seu pai, o deus Júpiter, a sustentar o céu e todas as estrelas em seus ombros. Segundo a mitologia grega, as Montanhas Atlas, localizadas no noroeste da África, seriam o corpo petrificado de Atlas.

... se dá também o nome de Atlas a um conjunto de mapas.

GLOSSÁRIO

Geocentrismo é a teoria astronômica que supunha ser a Terra o centro do Universo. As ideias fundamentais dessa teoria foram desenvolvidas por Ptolomeu no século II d.C. Ela vigorou até os primeiros séculos da Idade Moderna, quando a teoria heliocêntrica passou a ter aceitação geral.

Heliocentrismo é a teoria astronômica que considera o Sol o centro do sistema planetário. Essa teoria foi desenvolvida pelo astrônomo polonês Nicolau Copérnico (1473-1543), considerado o fundador da Astronomia Moderna.

Inquisição é a instituição medieval da Igreja Católica também denominada Santo Ofício, destinada a averiguar heresias ou crimes contra a fé católica e a reprimi-las. Esse tribunal eclesiástico foi instituído em meados do século XIII.

Parte II
O GLOBO NOS CAMINHOS QUE (DES)CONHECEMOS

E A TERRA SE MOVE... 8

Muitos séculos levaram os homens para compreender a forma esférica da Terra, que ela é um astro que se movimenta, assim como o Sol, a Lua e os demais astros.

Os movimentos da Terra não são de fácil entendimento. Como nos movimentamos com ela, temos a sensação de que está parada. Foi necessário um longo processo de observação, dedução e comprovação para que esses movimentos fossem reconhecidos e aceitos. Por isso, são **compreensíveis** as dificuldades para entendê-los e para que se construam os conhecimentos sobre o tema. No entanto, é necessário reconhecer que a posição da Terra no espaço e os movimentos que executa têm importância contínua em nossa vida pela variação diária de luz e de calor que afeta a dinâmica da natureza e nossas rotinas.

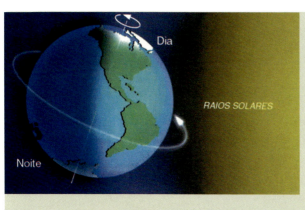

Movimento de rotação da Terra – Dias e Noites.
A representação não está em escala.
Fonte: Adaptado de Lucci, 2001, p. 26.

"O coitado do Anton não sabe o que fazer. Inculto como é, encara a escuridão de um modo errado. Como não possui uma **compreensão** do movimento rotativo da Terra, tem um medo supersticioso de que o Sol tenha batido asas e voado para sempre."
Bainbridge (1996, p. 133)

A Terra não é um astro isolado dos demais, mas integra um sistema planetário. Tem relações de distância (mais longe, mais perto) e de extensão (maior, menor) com os demais astros e executa muitos movimentos. Dois dos movimentos da Terra têm excepcional importância para a vida? aquele que executa em torno de seu eixo e o que executa ao redor do Sol.

A Terra, ao girar ao redor de um eixo imaginário que cruza seu centro, realiza o movimento de rotação. Esse movimento se faz de oeste para leste em um período de tempo de 23h 56min 4seg (24h ou um dia). Do movimento de rotação resulta que parte da superfície da Terra fica voltada para o Sol, sendo amplamente iluminada (dia), enquanto a outra parte, oposta ao Sol, permanece no escuro (noite). Como giramos com a Terra, não sentimos a rotação. A nossos olhos, quem parece se movimentar é o Sol, que surge no leste pela manhã, eleva-se no céu ao meio-dia e desaparece no oeste à tarde. Por isso, fala-se em *movimento aparente do Sol*. Entre os povos, no passado, o desconhecimento do movimento de rotação da Terra gerou muitos temores quanto ao não retorno do Sol pela manhã e à possibilidade de as trevas perdurarem sobre a Terra. Cada cultura tem suas lendas sobre o tema.

A Terra, ao girar ao redor do Sol, realiza o movimento de translação. Nesse movimento segue um caminho elíptico, quase circular, denominado **órbita**, que se completa em 365 dias, cinco horas e 48 minutos, período que corresponde ao ano. O ano comum ou ano de calendário tem apenas 365 dias. O **ano bissexto** tem 366 dias.

É importante observar que o movimento de translação se faz com o eixo da Terra inclinado em relação à órbita. Esses dois fatos combinados (translação e inclinação do eixo) explicam a **variação** da duração dos dias e das noites e a variação de intensidade da insolação ao longo do ano na superfície

Chama-se de **ano bissexto** aquele cujo mês de fevereiro tem 29 dias. O termo bissexto tem origem no fato de os romanos, para acertar o calendário, a cada quatro anos contarem duas vezes (bi) o sexto dia anterior ao primeiro dia de março. Esse dia corresponde à soma das seis horas excedentes em cada um dos quatro anos. O ano bissexto é sempre divisível por 4, como os anos 2008 e 2012.

Nos trópicos, a duração dos dias pouco **varia** ao longo do ano. Afastando-se dos trópicos no verão, os dias tornam-se cada vez mais longos, até a situação dos polos, onde duram quase meio ano.
A conversa entre o Globildo e a Globilda no desenho abaixo exemplifica este fenômeno no Brasil.
O termo "guri", usado pela Globilda, é de uso comum no Rio Grande do Sul para designar menino ou rapaz.

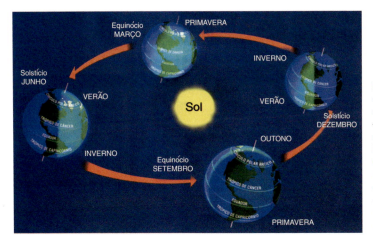

Movimento de translação da Terra – Estações do ano nos hemisférios Norte e Sul. Representação sem escala. Fonte: Lucci, 2001, p. 27.

da Terra. Essas variações de luz e consequentemente de calor dão origem às estações do ano e, combinadas a outros fatores, às variadas condições de clima que podemos encontrar no planeta.

Os demais movimentos da Terra têm reduzida ou nenhuma expressão para a Geografia. Alguns levam um longo tempo para se

Um globo em suas mãos ■ **69**

completarem, muito mais que a vida média de um ser humano. Seus efeitos são quase imperceptíveis para uma geração. Já os movimentos de rotação e de translação têm implicações diretas nas condições de tempo e clima e, por consequência, em nossas decisões diárias sobre alimentação e vestuário, na agricultura e nas demais atividades econômicas, no lazer e mesmo em práticas religiosas.

PRÁTICAS PARA A SALA DE AULA

 Organize situações de trabalho nas quais grupos de alunos construam uma maquete ou um equipamento de simulação da posição da Terra no sistema. Essa atividade implica estudos prévios pelos alunos sobre o sistema solar, os astros que o constituem e dados diversos sobre eles (dimensões, distâncias, movimentos). Podem também fazer um glossário com termos associados ao tema (órbita, **eclíptica**, estações do ano, inclinação do eixo, **equinócio**, **solstício**, etc.).

Os grupos terão que discutir e escolher as melhores estratégias e os materiais para a montagem do equipamento ou da maquete e para sua iluminação. Um globo terrestre servirá de modelo para a elaboração do globo do grupo, especialmente no que se refere à inclinação do eixo. É necessário ainda trabalhar com noções de proporção, alertando os grupos quanto à representação dos astros.

Concluída a etapa de montagem, reserve um tempo para que os alunos exponham o caminho que percorreram para fazer o equipamento proposto e, sobretudo, para que cada grupo apresente os elementos do tema que investigou, explicando, por exemplo, as situações de movimento aparente do Sol e das diferenças entre o inverno e o verão e as demais estações do ano fora das áreas tropicais. Para qualquer tema estudado, o grupo usará a maquete ou o equipamento construído.

As conclusões de cada grupo, os desenhos explicativos e as anotações podem ser disponibilizadas ao conjunto por meio de murais ou de cópias para leitura.

 Proponha a construção de um registro coletivo das alterações de insolação e das condições de tempo na área da escola ao longo de um período, o qual deve ser relativamente longo, não menos que três meses, para que acompanhem a mudança de posição do Sol em relação a um ponto qualquer de observação (movimento aparente do Sol) e para que possam estabelecer algumas conclusões.

Para a sala de aula deve ser preparado um mural com os dias do mês e com os meses do projeto de observação. Essa observação deverá realizar-se sempre no mesmo horário, de preferência no início do turno de trabalho. Para cada dia serão traçadas colunas correspondentes aos elementos que foram acertados para observação pelo grupo, como, por exemplo, o ponto de incidência do raio de sol na sala de aula, temperatura, ocorrência de ventos, nebulosidade, chuva, etc. Uma última coluna, mais larga, será reservada para observações especiais, como marcar a data de um equinócio ou solstício, um dia de forte ventania, uma chuva excepcional, necessidade de roupas ou ações especiais, etc.

Altere, ao longo do período de observação, os alunos responsáveis pelo preenchimento das colunas e reserve um breve tempo semanal para discutir as informações coletadas e relacioná-las com outros temas em estudo ou com elementos da realidade local.

Comentários

Neste tema, como de resto em qualquer outro, é indicado sempre selecionar e orientar os materiais para estudo, adequando-os ao nível de escolaridade do grupo e a seus interesses: como é a insolação na casa e na escola? Percebem-se diferentes estações térmicas ao longo do ano na localidade? Quais as lendas regionais sobre os fenômenos de luz e sombra na natureza? Que ditos populares são conhecidos nas comunidades sobre as estações do ano ou sobre as condições da atmosfera?

Um fechamento interessante para a atividade é uma visita a um **planetário**, quando for possível. Nesse caso, planeje a visita, verifique com antecedência a programação, informe-se sobre a função de um planetário e sobre as possibilidades de aprendizagem que ele oferece e converse com os alunos sobre o assunto antes de realizar a visita.

A mesma sugestão de visita cabe a museus que tenham globos e simuladores planetários em programas interativos. Em alguns globos, um sistema de som permite que, ao tocar/ligar um país qualquer, se ouça a língua falada. É uma experiência da qual, em geral, os alunos gostam muito e a qual permite desenvolver questões geográficas relacionadas à perspectiva cultural de cada país, além daquelas de Astronomia.

O uso do globo terrestre torna mais concreta a demonstração e a explicação de alguns dados fundamentais sobre a posição e sobre os movimentos da Terra no espaço desde os anos iniciais de escolaridade. Em geral, esses temas, muito abstratos, são simplesmente memorizados, e os fenômenos deles decorrentes não são compreendidos ao longo da vida escolar e mesmo da vida adulta. Trabalhar com tais conceitos sob uma perspectiva interdisciplinar e globalizante, tanto na etapa de construção de materiais quanto na das explicações, exige mais tempo para o trabalho e disposição do professor para acompanhar a atividade, desafiando e orientando leituras e registros. É uma proposta que vai ao encontro daquelas voltadas a responder aos desafios pessoais e sociais que a vida coloca (Zabala, 2002). Os conteúdos, nesse caso, não têm valor por si, mas surgem como meios para alcançar objetivos educativos, tais como aprender a aprender, cooperar com o outro, comunicar e esclarecer um projeto, reconhecer sua realidade, desenvolver a habilidade de comunicação e argumentação.

GLOSSÁRIO

Eclíptica ou plano orbital é o plano delimitado pela órbita que a Terra percorre ao redor do Sol. O valor da inclinação do eixo terrestre sobre a eclíptica, que é de 23° 27', define a posição dos Trópicos de Câncer e de Capricórnio, respectivamente ao norte e ao sul da linha do Equador. O nome da eclíptica deriva do fato de os eclipses se produzirem nesse plano. Eclíptica é também o nome que se dá à trajetória que o Sol parece descrever no céu durante o ano.

Fonte: Adaptado de Moreira, 1998, p. 54.

Equinócios são os dois dias do ano nos quais o Sol, em seu movimento aparente, cruza o plano equatorial, isto é, o plano que contém a linha do Equador. Ao meio-dia, os raios solares incidem em ângulo reto sobre aquela linha, distribuindo igualmente a luz em toda a superfície da Terra que está voltada para o Sol. Nessas duas datas, as noites e os dias têm igual duração em todo o planeta. A palavra "equinócio" vem do latim e significa "igual noite". Em março, devido à translação da Terra e à inclinação de seu eixo, o Sol "parece" que cruza o plano do Equador em direção ao norte. É o equinócio de outono no hemisfério Sul e de primavera no hemisfério Norte. Em setembro, "parece" que o Sol cruza aquele plano dirigindo-se de volta para o Sul. É o equinócio de outono para o hemisfério Norte e equinócio de primavera para quem vive ao sul da linha do Equador.

Órbita é o trajeto ou caminho que a Terra percorre ao redor do Sol durante um ano. Esse caminho está no plano do Equador celeste, um plano imaginário que *corta* o centro do Sol e que se denomina também de *plano orbital* ou *eclíptica*. O eixo terrestre atravessa o plano orbital e sobre ele se inclina 23° 27'. Essa inclinação é responsável pela ocorrência da desigual intensidade de luz e calor nos hemisférios Norte e Sul durante o ano.

Planetário é um aparelho que demonstra o movimento dos planetas ao redor do Sol. É também o prédio onde esse aparelho está instalado e colocado em funcionamento. O termo é usado ainda para outros aparelhos que mostram o Sol, a Lua, as estrelas, os planetas e seus satélites. Os planetários funcionam em observatórios e museus, em universidades e bibliotecas.

Solstícios são os dois momentos do ano em que o Sol, em seu movimento aparente, mais se afasta do plano equatorial, alcançando um dos trópicos. A data em que atinge o Trópico de Capricórnio (20 ou 21 de dezembro) marca o início do período de máxima iluminação e aquecimento do hemisfério Sul (solstício de verão) e o início do período de menor iluminação e aquecimento do hemisfério Norte (solstício de inverno). A partir dessa data, o Sol passa a "deslocar-se" para o norte até alcançar o Trópico de Câncer (20 ou 21 de junho). Essa data é a do solstício de verão para os que vivem no hemisfério Norte, iniciando o período de mais luz e calor daquele hemisfério, e é a do solstício de inverno para quem vive no hemisfério Sul.

Saiba que...

... durante o verão, nas regiões polares, a luz do Sol é visível no horizonte por um longo período do ano. Vê-se o Sol de maio a setembro nas regiões árticas, e de setembro a março nas proximidades do Polo Sul, na Antártida. Um longo período de luz, com o Sol sempre próximo à linha do horizonte, ou um longo período de sombras, no qual nunca o Sol é visível no horizonte, caracteriza o ano nos polos. Isso ocorre devido à inclinação do eixo da Terra sobre sua órbita. Durante o movimento de translação, um polo e depois o outro volta-se para o Sol tendo, então, um longo "dia". No hemisfério Norte, que têm grandes áreas de terra na linha do Círculo Polar, é possível que habitantes e turistas observem o Sol quando o relógio marca meia-noite. O norte da Noruega, cujas terras estão ao norte do Círculo Polar Ártico, tem o Sol no horizonte de maio a julho. Por isso é chamado de Terra do Sol da Meia-Noite. Observando um globo, é fácil concluir por que não há nenhum país do Sol da Meia-noite no hemisfério Sul.

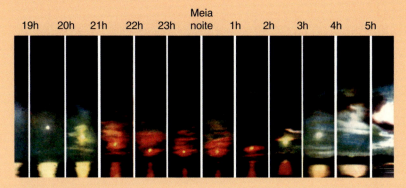

Sol da meia-noite.
Deslocamento aparente do Sol no céu, das 19h às 5h, em um dia de verão no norte da Noruega.
Fonte: Marrero, 1968, p. 42.

... os nomes das **estações do ano**, em português, procedem do latim, embora não coincidam exatamente com o conceito que os romanos tinham delas. No princípio, o ano era dividido em apenas duas estações básicas: *ver*, *veris*, o bom tempo, a estação da floração e da frutificação, e *hiems* (ou *hibernus tempus*), o mau tempo, a estação da chuva e do frio. Aos poucos, o grande período englobado pelo nome *ver* começou a ser subdividido em três: (1) o princípio da boa estação, denominado de *primo vere* (mais tarde "primavera"); (2) a segunda parte do *ver*, o *veranum tempus*, de onde resultou nosso vocábulo "verão"; e (3) a última parte do *ver*, o *aestivum*, de onde veio nosso vocábulo "estio". *Hiems*, a estação do mau tempo, também se subdividiu em *tempus autumnus* (o outono) e *tempus hibernus* (o inverno). O modelo de cinco estações foi adotado na Espanha até o século XVI: primavera, verão, estio, outono e inverno. A partir do século XVII, difunde-se o atual sistema de quatro estações, inspirado pela possibilidade de dividir o ano em quatro segmentos iguais, assinalados pelos dois equinócios (primavera e outono) e pelos dois solstícios (inverno e verão).

Fonte: www.sualingua.com.br

NEM SOL NEM LUA NO CÉU   9

Lua, Sol e estrelas estão rotineiramente em nosso horizonte visual. Um belo pôr do sol ou uma estupenda lua cheia nos causam admiração. Eventualmente, esses astros, que deveriam ser vistos no céu, desaparecem a nossos olhos. A esse "desaparecimento" temporário dá-se o nome de **eclipse**.

Movimentando-se no espaço, Sol, Terra e Lua ocupam posições que variam continuamente. Para quem está na Terra, na dança dos astros, em algum momento, a passagem de um astro impede a visão do outro, provocando eclipses, que podem ser totais ou parciais. Um eclipse total ocorre quando todo o astro deixa de ser visto. Quando apenas parte dele é visível, trata-se de um eclipse parcial.

Para que ocorram eclipses do Sol e da Lua, os centros dos dois astros e o da Terra precisam estar mais ou menos alinhados na órbita que descrevem no espaço, conforme se pode observar na figura.

Os **eclipses do Sol e da Lua** não são fenômenos raros. Ocorrem vários eclipses por ano. São mais numerosos os eclipses do Sol. No entanto, os da Lua parecem mais comuns porque são visíveis em uma larga porção da Terra, isto é, em todos os lugares da Terra onde a Lua estiver no horizonte visual do observador, ou seja, onde for noite. Já os eclipses do Sol só são visíveis para aquelas pessoas que estiverem na estreita faixa da superfície terrestre atingida pelo cone de sombra da Lua.

> Os **eclipses do Sol e da Lua** vêm sendo determinados com precisão desde a Antiguidade. Os caldeus observaram e registraram um período de tempo no qual os eclipses ocorrem em uma certa ordem e que se repete a cada 18 anos e 11 dias. Esse período é conhecido como período de Saros, e nele ocorrem 70 eclipses, no mínimo 41 do Sol e 21 da Lua.

ECLIPSE

Em determinados momentos do ano, devido aos movimentos dos astros, ao passar entre o Sol e a Lua, a Terra projeta sua sombra, na forma de um cone, sobre a superfície da Lua, escurecendo-a total ou parcialmente. A esse fenômeno denomina-se eclipse da Lua ou eclipse lunar. Em outros momentos é a Lua que, girando ao redor da Terra, se interpõe entre nosso planeta e o Sol, projetando um cone de sombra. No ponto onde a sombra da Lua alcança a Terra haverá penumbra ou escuridão, já que o Sol estará encoberto ou totalmente. É o eclipse do Sol ou eclipse solar, como se vê na imagem a seguir. Se a Lua estiver muito distante da Terra, seu cone de sombra não atinge a Terra. Teremos então um eclipse anular do Sol.

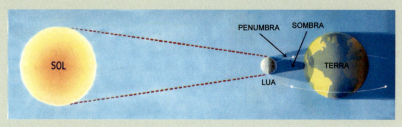

Fonte: Marrero, 1968, p. 28.
Figura sem escala

A observação de um eclipse é sempre um acontecimento diferente e interessante. No passado, em diversas culturas, os eclipses, assim como as estrelas, foram observados na ilusão de que indicariam o futuro e orientariam a condução dos negócios e dos assuntos de interesse dos governos. Do ponto de vista científico, a observação dos eclipses trouxe importantes contribuições aos conhecimentos em Astronomia.

"A invasão* precisava de uma lua que demorasse a levantar, de modo que os movimentos iniciais do Exército fossem realizados no escuro, mas devia ter luar mais tarde, quando os primeiros paraquedistas saltassem dos seus aviões e planadores". (Follett, 2002, p. 71)

* O trecho refere-se à invasão de Dunquerque (França), em 6 de junho de 1944, pelo Exército aliado, durante a II Guerra Mundial.

TEXTO COMPLEMENTAR

FASES DA LUA

A Lua acompanha a Terra em seus giros no espaço. Ela se movimenta ao redor da Terra fazendo uma translação completa em 28 dias (27 dias e 7 horas). Ao completar essa volta, ela faz também um movimento de rotação em torno de seu eixo imaginário. Por isso, vemos apenas uma face da Lua. A outra face estará sempre voltada para o espaço externo, oculta para nós.

A face que vemos não se apresenta sempre igual. A cada quarta parte de rotação, cerca de sete dias, nos mostra aspectos diferentes, que chamamos fases da Lua.

Há períodos em que a face da Lua que vemos está iluminada pela luz do Sol e lança sobre a Terra uma luz clara (luar), reflexo da luz do Sol. Essa fase é denominada de Lua Cheia. Em outras noites, muito escuras, praticamente não vemos a Lua. Ela está posicionada entre o Sol e a Terra. Essa fase é a Lua Nova.

Entre uma Lua Nova e uma Lua Cheia há outras duas fases nas quais parte da Lua é visível: a) Quarto Crescente, quando a Lua aparece cedo no céu, logo ao entardecer e b) Quarto Minguante, quando a Lua demora a levantar-se e torna-se visível tarde da noite, deixando de ser vista pela manhã.

A observação da Lua e do luar em grande parte das culturas está associada à ideia de romance.

PRÁTICAS PARA A SALA DE AULA

 Solicite previamente aos alunos que descubram quando será visível o próximo eclipse do Sol ou da Lua no lugar onde vivem e que escrevam um parágrafo sobre as sensações que tiveram ao observar um eclipse. Caso nunca tenham observado tal fenômeno, peça que conversem com familiares ou amigos, que anotem a experiência que relataram e que descrevam a aparência da Lua nas noites das últimas duas semanas.

No globo de que você dispõe, veja se é possível fixar, com adesivo leve, quatro bonequinhos de papel de cores fortes e variadas. Se não for conveniente colar no globo, substitua-o por outra esfera que o represente. Posicione os bonequinhos sobre diferentes meridianos e em diferentes afastamentos da linha do Equador.

Pendure uma "Lua", isto é, uma pequena bola de isopor ou de outro material em uma haste de madeira ou metal. Coloque o globo em um canto da sala que possa ser escurecido e sobre um lugar um pouco mais alto, por exemplo, um banco sobre uma classe. Peça a um aluno que represente o Sol, segurando sempre uma fonte de luz (lanterna ou lâmpada acesa). Indique outro para ser a Lua. Este segurará a haste (Lua) a certa distância do globo de modo a não atrapalhar a visão do grupo. Ele movimentará a haste para que a bolinha gire ao redor do globo como se fosse nosso satélite.

Oriente os alunos que representam o Sol e a Lua a se movimentarem lentamente em relação ao globo, produzindo diferentes situações de alinhamento entre os três astros. Gire o globo aos poucos e explore com os alunos a visão que os quatro bonequinhos têm do Sol ou da Lua. Problematize, solicitando que indiquem as diferentes posições do Sol e da Lua em relação à Terra. Pergunte, por exemplo: em todas as posições a Lua terá a mesma aparência para quem está na Terra? Quando ela estará iluminada? Questione sobre nossa sombra em noites de luar. Por que nem sempre temos esta sombra? Quando há um eclipse da Lua, o fenômeno é visível em qualquer parte do planeta? E o do Sol? Quando há um eclipse total do Sol e quando ele é parcial?

Peça posteriormente que os alunos desenhem as posições dos três astros no espaço nos momentos em que ocorrem eclipses do Sol e da Lua e que desenhem o alinhamento quando ocorrem as duas fases da Lua de mais fácil identificação por meio desse exercício. Recorra a um texto, ao livro didático ou prepare lâminas para mostrar com mais detalhe as situações trabalhadas.

Reúna-os finalmente em grupos para que troquem os comentários que redigiram sobre a aparência da Lua nas últimas noites e sobre os relatos de eclipses que coletaram. Juntos verificarão a data do próximo eclipse a ser visto no lugar onde vivem e programarão uma atividade para assistir ao fenômeno em grupo, caso a data esteja próxima.

> Para saber a data dos próximos eclipses e onde eles serão visíveis, consulte as seguintes páginas da internet:
> – www.anoa.pt
> – www.sunearth.gsfc.nasa.gov/eclipse/eclipe.html

 Coloque dois alunos à frente do grupo. Um será a Terra, e o outro a Lua. Peça que o aluno Lua gire ao redor do aluno Terra, sempre olhando para ela. O grupo observará que, nesse giro, a Lua sempre mostrará a face para a Terra. As costas do aluno, isto é, a outra face da Lua, nunca estará visível para o aluno que representa a Terra. A partir dessa demonstração, é possível explorar o movimento de rotação da Lua. Questões sobre exploração espacial, satélites artificiais e tecnologia de comunicações podem ser trazidas à discussão.

Comentários

Estas atividades são dinâmicas na medida em que os alunos se movimentam e em que elas provocam muitas perguntas. Às vezes, os alunos têm histórias para contar. Eclipses e fases da Lua não são conhecimentos de forte interação aos fenômenos geográficos, como condições de tempo e clima ou trabalho humano. No entanto, fazem parte dos fenômenos da natureza e integram, no caso da **Lua e suas fases**, o cotidiano de nossas observações. Compreendê-los é compreender o ambiente que nos cerca. São também fenômenos que suscitam curiosidade e interesse.

> Sobre o tema a **Lua e suas fases** há diversas atividades desenvolvidas por professores e apresentadas em revistas pedagógicas. Veja, por exemplo, *Como ocorrem os eclipses?* e *Faça o luar invadir a sala de aula*, na revista *Nova Escola*, ano 14, n. 120, março de 1999.

É importante que você teste antes os materiais, o escurecimento da sala e a visibilidade de qualquer ponto para não frustrar a si e ao grupo. Não esqueça que a posição dos astros será variável tanto para os bonequinhos como para os alunos, já que globo, "Sol" e "Lua" estarão em dimensões absolutamente distorcidas. Lembre-se também de trocar os alunos que representam o Sol e a Lua na primeira atividade e os que representam a Terra e a Lua na segunda, para que um número maior de alunos se envolva no posicionamento dos astros e todos possam observar os fenômenos em foco.

Se a escola tiver um simulador, não há necessidade de construir os recursos. Mas evite usar o simulador apenas para mostrar. Explique as posições dos astros e as ocorrências (fases e eclipses). Envolva-os na demonstração e deixe-os narrar suas vivências em relação ao tema.

Se possível, aproveite a programação de um planetário ou de um observatório astronômico sobre os temas e organize uma visita com o grupo. Há pais ou responsáveis que se mostram interessados em acompanhar. Convide-os a participar do trabalho!

10 PUXA... ESTOU PERDIDO! COMO ME ORIENTO?

Orientar-se é ir de um lugar para outro sempre sabendo sua posição. É reconhecer, na superfície da Terra, os pontos cardeais. A necessidade de deslocar-se implica imaginar e repetir caminhos, o que é muito difícil em áreas onde não temos muitas referências visuais, como nos desertos, no mar e no ar.

Toda orientação parte de dois eixos centrais: o norte-sul e o leste-oeste. A orientação norte-sul deve ser considerada sobre todos os meridianos do globo e a leste-oeste, sobre qualquer paralelo. A figura da rosa dos ventos mostra graficamente, em um plano horizontal, a orientação por meio dos **pontos cardeais, colaterais e subcolaterais**.

Pontos Cardeais
Norte .... N
Sul .... S
Leste .... E
Oeste .... W

Pontos Colaterais
Noroeste .... NW
Nordeste .... NE
Sudoeste........... SW
Sudeste............. SE

Pontos Subcolaterais
Nor-Noroeste .... NNW
Nor-Nordeste .... NNE
Su-Sudeste .... SSE
Su-Sudoeste ..... SSW
Es-Nordeste ...... ENE
Es-Sudeste .... ESE
Oes-Sudoeste.... WSW
Oes-Noroeste .... WNW

As áreas situadas ao norte, não importando a referência utilizada, são também denominadas setentrionais. As áreas localizadas ao sul são chamadas meridionais; a leste, orientais e a oeste, ocidentais. Para o leste também se usa a expressão nascente e, para oeste, poente. Esses termos derivam dos pontos onde o Sol, em seu movimento diário aparente, parece surgir pela manhã e desaparecer à tarde.

Rosa dos ventos.

A notação correta para os pontos de orientação é a que está apresentada na coluna ao lado.

O Sol, em seu movimento aparente no céu, foi a primeira referência para a orientação de viajantes. As viagens por mar provocaram o desenvolvimento de sistemas de referência nos astros e envolveram conhecimento técnico e instrumentos para a orientação e a tomada de medidas angulares corretas, como a bússola, o sextante e o astrolábio.

Hoje em dia, existem vários instrumentos que fornecem uma orientação mais precisa, como aqueles articulados ao Sistema de Posicionamento Global (*Global Position System* – GPS), ainda que continuem sendo utilizados os meios tradicionais de orientação, por meio das estrelas, do Sol, da bússola magnética, do rádio e do radar.

TEXTO COMPLEMENTAR 1

SISTEMA DE POSICIONAMENTO GLOBAL

O Sistema de Posicionamento Global (GPS) é constituído por uma rede de 24 satélites de propriedade dos EUA que estão em seis planos de órbita a cerca de 20.200 km sobre a Terra. Cada satélite dá duas voltas ao redor da Terra em 24h, dando total cobertura ao planeta. O GPS é composto por três grupos de componentes:

a) espacial, que corresponde aos satélites;
b) de controle, integrado por seis estações no solo que controlam os satélites (uma fica no Colorado, nos EUA, e cinco próximas à linha do Equador) e
c) usuário, que inclui qualquer tipo de aparelho receptor e que, em Terra, registra a posição precisa de seu ponto.

São estes aparelhos ou instrumentos receptores, conectados aos satélites, que têm sido chamados vulgarmente de GPS.

O GPS surgiu de programas militares da marinha e da força aérea americana como equipamento de auxílio à guerra. Em 1973, esses programas foram integrados e deram origem ao programa NAVISTAR GPS, mas só na década de 1980 foram finalizadas a rede de satélites e a produção de aparelhos. O sistema foi testado pela primeira vez na Guerra do Golfo (janeiro de 1991), quando tropas americanas em solo receberam um receptor que tornou mais fácil deslocar-se com segurança no deserto.

Um receptor GPS é um pequeno computador que recebe os sinais dos satélites e transforma-os em informações. Os receptores GPS operam no modo 2D, indicando latitude e longitude, e no modo 3D, que fornece também a altitude. Há vários modelos, que informam sobre situação de pistas, portos, presença de rios e lagos, nascer e pôr do sol, trilhas e acampamentos, etc.

O funcionamento do GPS é simples, ainda que envolva ampla tecnologia. Atualmente, o GPS auxilia motoristas em mapas de cidades e estradas, na aviação, nos esportes, no mapeamento de terrenos. Seu uso está difundido.

Fonte: Adaptado de Fontana, 2002.

TEXTO COMPLEMENTAR 2

RELAÇÕES ESPACIAIS

Para a compreensão do espaço é necessária a construção das relações espaciais topológicas, projetivas e euclidianas. Embora as três sejam importantes, são as projetivas que possibilitam a coordenação dos objetos entre si em um sistema de referência móvel, dado pelo ponto de vista do observador. As relações projetivas têm seu fundamento na noção da reta, ou seja, de pontos alinhados ou ordenados em uma direção, segundo um ponto de vista.

Para a construção da noção de localização projetiva, o ponto de partida é o próprio corpo a partir do qual se marca uma hemisferização. Com a construção da hemisferização corporal, o ser humano está elaborando as primeiras noções para a compreensão das relações norte-sul e leste-oeste, em um espaço de três dimensões, como em um globo.

A construção do sistema de coordenadas vertical e horizontal, como no caso dos eixos norte-sul e leste-oeste, é o ponto final da localização quando já estão dominadas as noções de **espaço euclidiano**. Relacionando as hemisferizações corporais com as do globo terrestre, a partir daqueles eixos, pode-se operar com mais facilidade as relações fixas de referência fornecidas pelas coordenadas em um globo.

Schäffer, Kaercher, Goulart e Castrogiovanni

PRÁTICAS PARA A SALA DE AULA

 Peça aos alunos que tragam bolas de isopor e cordões coloridos. Em aula, mostre no globo a linha do Equador e o Meridiano de Greenwich. Na bola de isopor, os alunos assinalam aquelas linhas com dois pedaços de cordão de cores diferentes. Solicite que observem os eixos assinalados e que marquem os hemisférios da Terra – Norte, Sul, Leste e Oeste –, conforme o eixo de referência: a linha do Equador ou Greenwich.

Em sequência, trabalhe com outros meridianos e paralelos do globo. Caso os alunos não conheçam coordenadas geográficas, peça que numerem na bola alguns paralelos e meridianos a partir daqueles eixos iniciais. O número de posições dadas pelos cruzamentos entre os paralelos e meridianos deve ser igual ao número de alunos presentes na sala de aula. Para tanto você orientará a seleção dessas linhas. Cada aluno escolherá, em seu globo/bola de isopor, uma posição.

Afaste as classes do centro da sala e transcreva o traçado do Equador e do Meridiano de Greenwich no chão, usando cordões de cores diferentes. Assinale os hemisférios na sala. A sala passa a ter os dois eixos, direção norte-sul e direção leste-oeste, tornando-se o "globo estendido". Buscando maior exatidão para marcar a posição de cada aluno na sala, marque com giz os outros paralelos e meridianos, seguindo o roteiro já trabalhado no globo. Coloque nas paredes da sala as siglas dos pontos cardeais e dos colaterais. Peça que cada aluno, observando o globo e situando-se com relação às linhas já traçadas no chão da sala, se coloque no lugar correspondente ao ponto de cruzamento, entre um paralelo e um meridiano, que marcou em seu globo.

A seguir, peça que procurem no globo esta posição e que descubram o nome da cidade, do país, do oceano ou do acidente geográfico que ali se encontra. Solicite que cada um escreva no quadro seu nome, sua orientação na sala e o lugar que encontrou no globo.

Retornando as classes aos lugares originais, com o auxílio de uma folha com o desenho da rosa dos ventos, solicite que cada um oriente a sua posição relacionada a outros dois colegas ou a dois lugares na sala. Realize questionamentos sobre orientação utilizando o globo ou considerando como ponto de referência o lugar em que o aluno se encontra.

Crie outras referências para orientar a localização dos alunos na sala: a porta de entrada na sala ou um outro espaço da escola (biblioteca, cantina, secretaria). Analise com o grupo outras situações, como, por exemplo, um país em relação ao outro: Angola está a leste ou a oeste do Brasil? E o México, situa-se ao norte ou ao sul do Brasil?

Comentários

A orientação, tanto espacial quanto social, necessita de referências. As referências, como o Sol ou os pontos cardeais, são posições de apoio para a operação lógica no que tange à orientação espacial. A clareza no emprego das referências espaciais que o globo oferece encaminham para a compreensão das referências sociais. Na sociedade, existem posições (referências) delegadas ou construídas que devem ser consideradas na compreensão das diversas relações. Por exemplo, dois apartamentos iguais, mas situados em pontos diversos: um está situado em uma área onde existem equipamentos que oferecem conforto e que se relacionam com status social mais elevado, riqueza e poder; já o outro é afastado dessa área e menos servido por infraestrutura. Em caso de venda, terão preços diferenciados.

A orientação espacial está associada à construção das relações espaciais. Para esse entendimento, é indispensável uma série de atividades, inicialmente lúdicas e voltadas para a compreensão da espacialidade corporal. O trabalho com as direções norte-sul e leste-oeste deve partir de diferentes situações concretas. É importante que se transponha a orientação corporal, dada por exercícios de hemisferização, para a orientação por meio do traçado das coordenadas geográficas.

Nos globos terrestres, o eixo norte-sul da Terra, cuja inclinação sobre a órbita é de 23° 27', está, via de regra, fixo. Isso acaba fortalecendo a ideia de que o norte está em cima e o sul embaixo. Sugere-se que, se possível, o professor "solte" a Terra do suporte e brinque com os alunos em outras posições possíveis. Uma dica simples é girar o globo fazendo com que um lugar escolhido fique posicionado na vertical com o zênite do lugar, formando um ângulo de 90° com o solo, e trabalhar os demais pontos de localização.

GLOSSÁRIO

Espaço euclidiano, na Física Clássica, é o espaço imutável e estático que pode ser mapeado por meio de três coordenadas: a latitude, a longitude e a altitude, ou, na expressão matemática, coordenadas x, y, z. O espaço euclidiano é a mais imediata generalização do espaço tridimensional no qual vivemos. Ele envolve a noção de medidas e de um sistema fixo de referências. O nome euclidiano se deve a Euclides, geômetra e matemático grego que viveu no século III a.C. e foi aluno de Platão.

PARA LER UM GLOBO TERRESTRE 11

O globo é a melhor representação da Terra e, a princípio, é uma forma de termos a visão da distribuição e das relações espaciais do planeta sempre a nosso alcance. No entanto, precisamos entender seus significados.

Para lermos o globo, é necessário compreender a legenda, que é a lista explicativa de todos os símbolos que o compõem. Corresponde à simbologia utilizada para caracterizar um fenômeno qualquer em um globo ou mapa. Quanto mais os símbolos estiverem próximos do real, mais eficiente será a legenda.

O globo chama a atenção pelo grande número de códigos nele registrados. São linhas, cores, símbolos e pontos de intensidades e tamanhos diferenciados com informações. Para entendê-los temos que decodificá-los. Mas como decodificá-los? O processo de codificação e decodificação está associado à simbologia, ou seja, às possibilidades de representação do real. É por meio desse processo que interpretamos o que vemos. Para tanto, existem alguns códigos já estabelecidos, como as linhas, as cores e os símbolos que indicam fenômenos de várias ordens. Eles estão convencionados e devem falar por si.

As linhas são utilizadas para representar fenômenos de distribuição linear, como ferrovias, rodovias, rios, limites políticos. Para representar fenômenos de mesma intensidade utilizam-se **isolinhas**.

> As **isolinhas** são linhas existentes principalmente nos mapas que unem pontos onde um determinado fenômeno apresenta igual intensidade. Veja as isolinhas e o fenômeno que representam.
>
> *isoietas:*
> igual pluviosidade
>
> *isotermas*:
> igual temperatura
>
> *isóbaras*:
> igual pressão atmosférica
>
> *isóbatas*:
> igual profundidade
>
> *isoípsas*:
> igual altitude
>
> *isoalinas*:
> igual salinidade

O azul e seus matizes representam águas superficiais terrestres e oceânicas. Já o verde tanto pode representar florestas e alguns tipos de formações vegetais como terrenos com menor altimetria. O marrom é utilizado para maiores altitudes, e seus vários matizes mostram essa variação. Cada intervalo de altitude é identificado por cores diferentes ou por matizes de uma mesma cor. Quanto mais escuro, maior a altimetria. Em áreas em que ela é máxima, assim como para representar as calotas polares, utiliza-se o branco. O vermelho costuma ser empregado para representar as rodovias. Já o preto é usado para a grafia de nomes e para linhas que indicam limites políticos.

A leitura do globo é feita a partir do conhecimento destes símbolos e pela decodificação de sua legenda. Ela se encontra geralmente no Pacífico Sul, área que se caracteriza pela escassez de terras emersas, ou no oceano Índico. Nesses oceanos, há poucos dados a serem codificados, e a legenda pode ser impressa sem prejuízo de outras informações.

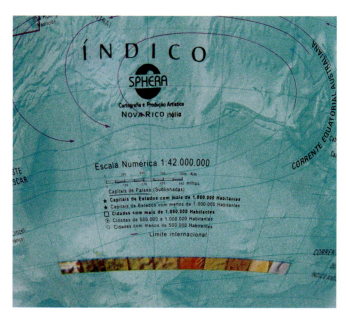

Legenda em um globo terrestre.

PRÁTICAS PARA A SALA DE AULA

 Solicite aos alunos que observem o globo e escolham oito cidades que gostariam de conhecer. Elas devem estar situadas em países diferentes.

Cada aluno formará um roteiro de viagem com as oito cidades, ou seja, uma sequência das cidades a serem visitadas. Esses roteiros elaborados pelos alunos serão anotados no quadro da sala.

Os alunos formarão grupos, e para cada um o professor indicará um dos muitos roteiros registrados no quadro. Isso será realizado sem que os demais grupos tenham conhecimento do roteiro que cada um recebeu.

Cada grupo localizará as cidades de seu roteiro, identificando os países onde se situam. Observando o globo, localizarão os países considerando os hemisférios, os oceanos e os países limítrofes, o que pode ser feito por meio do preenchimento de um quadro construído com os alunos. Cada grupo deverá enriquecer seu roteiro com pesquisas, como atividade extraclasse, procurando saber o que caracteriza cada um daqueles países.

Logo após, peça que, com o auxílio de recortes de revistas, desenhos ou a criação de uma dobradura, estabeleçam um símbolo que identifique cada país listado no roteiro, justificando a escolha do símbolo. Quando o trabalho estiver pronto, cada grupo apresentará à turma a codificação do roteiro pela exposição das figuras ordenadas. Os demais grupos observarão a sequência das figuras e anotarão o nome dos países que acreditam formar o roteiro. O primeiro grupo que descobrir um dos roteiros deve mostrá-lo no globo e justificar sua viabilidade quanto a alguns critérios que precisam ser anteriormente estabelecidos. Um critério pode ser, por exemplo, executar o roteiro em dez dias, utilizando apenas avião em dois trechos. Com a turma, crie os critérios a fim de estabelecer um clima de jogo.

Símbolos, como os da Torre Eiffel, da estátua da Liberdade ou das pirâmides no Egito, são representações que evocam o imaginário.

Um globo em suas mãos ■ 87

Comentários

Interpretar é estabelecer uma comunicação efetiva com o objeto. É interagir com ele a partir da descoberta dos possíveis significados, inclusive da emoção. O importante é que, para sermos leitores sociais, devemos ser antes construtores de simbologias que possam estar no lugar de elementos e fenômenos sociais. Em outras palavras, para sermos leitores de legendas, devemos inicialmente aprender a construí-las. O processo interpretativo exige o estabelecimento de relações.

Quanto maior for a aproximação do objeto representado à imagem apresentada, no caso o símbolo na legenda, maiores serão as possibilidades do estabelecimento de relações. Aproveite o tema para discutir nossas representações ou nossos papéis sociais, que não são permanentes e únicos. Não somos apenas João ou Maria; somos professores, líderes comunitários, diretores, presidente da república, mestre de obras na construção civil. Somos múltiplos. Temos opções religiosas, políticas, esportivas, etc.

A construção simbólica, a partir do lúdico, e sua posterior interpretação favorecem a leitura e a compreensão das representações sociais. O professor deve chamar a atenção para o fato de que há uma tendência para representar lugares por estereótipos construídos ao longo da história humana. Nem sempre essas representações trazem uma mensagem de valorização das diferenças existentes entre os povos. Elas precisam ser reconhecidas e devem ser respeitadas.

O GRANDE FICA PEQUENO   12

A escala é fundamental para verificarmos o quanto um desenho foi reduzido ou ampliado, isto é, o quanto está diferente do tamanho real. Ela permite a análise das relações de proporção entre a área e sua representação. Sua função é, sobretudo, o cálculo de distâncias. Nos globos, a escala normalmente aparece junto à legenda, que é grafada, em geral, nas áreas oceânicas.

Existem duas formas de escala: a gráfica e a numérica. A gráfica é apresentada na forma de uma reta dividida em segmentos e numerada como uma régua. Nela, cada segmento da reta corresponde a uma medida no terreno. A numérica é apresentada como uma fração. Nela, a unidade que se usa para medir o desenho (por exemplo, centímetros) corresponde à quantidade indicada na escala da mesma medida no terreno. Na escala 1:50.000.000, um centímetro no desenho corresponde a 50.000.000 centímetros (ou 500 km) no terreno.

A representação de qualquer lugar em um mapa ou em um globo sempre implica redução. Isso significa também diminuir a quantidade de informações e, às vezes, suprimir ou redimensionar detalhes.

Sob outro ponto de vista, ao fazer reduções, facilitam-se as generalizações e percebem-se com mais facilidade as relações de totalidade. É o caso do globo. Quando ganhamos em detalhes, perdemos em generalizações. No mapa, a percepção do todo fica prejudicada, mas as partes e os detalhes são privilegiados.

A escolha da escala de redução é sempre uma decisão de quem constrói, e nessa escolha está implícita a intencionalidade. O importante, nesse processo, é definir quais os objetivos que estão em jogo. Técnicos que analisam processos internos da dinâmica das cidades e arquitetos, ao apresentarem seus projetos, optam por escalas grandes porque favorecem o detalhamento. Os estrategistas decidem por escalas pequenas que favoreçam as generalizações.

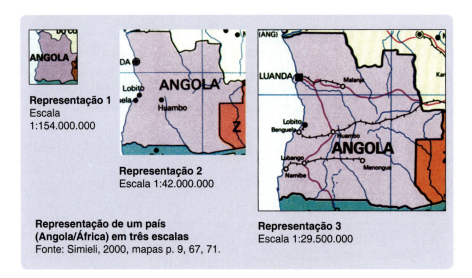

Representação 1
Escala 1:154.000.000

Representação 2
Escala 1:42.000.000

Representação 3
Escala 1:29.500.000

Representação de um país (Angola/África) em três escalas
Fonte: Simieli, 2000, mapas p. 9, 67, 71.

Os globos escolares em geral têm cerca de 30 cm de diâmetro e são feitos em escala 1:42.000.000. Globos menores, com 25 ou 20 cm, estão, respectivamente, nas escalas 1: 51.000.000 e 1: 64.000.000. Um bom globo para exposição em sala de aula com diâmetro em torno de 50 cm é um excelente recurso visual.

Estas escalas pequenas, comuns em globos, favorecem a visão do todo. Grandes escalas, em globos com um metro ou mais de diâmetro, são menos comuns em função dos custos e da praticidade, ainda que esses globos existam.

TEXTO COMPLEMENTAR

MANIPULANDO AS ESCALAS

Certamente você já viu um desses folhetos que fazem propaganda para venda de apartamentos ou de novos loteamentos. Nos croquis distribuídos, eles são representados próximos a lugares conhecidos e, por isso, referências na cidade, como supermercados, *shoppings*, escolas, parques e áreas verdes.

Estes materiais têm como objetivo promover aspectos valorizados com a proximidade. Para isso utilizam escalas distorcidas ou, às vezes, nem as usam. Olhando o desenho ou a planta, tem-se a ideia de que lugares distantes estão muito próximos em relação a uma referência qualquer, normalmente de interesse do futuro comprador. Este se deixa iludir pela pretensa proximidade e acaba comprando o produto.

Há situações em que o jogo de escalas colabora para que espaços sejam relativizados. É o caso das maquetes, nos pontos de venda dos imóveis, e das plantas de apartamentos ou de casas que aparecem em jornais ou revistas. Nessas representações os detalhes são superdimensionados, e aquilo que na prática é pequeno parece grande, propondo uma utilização de espaços que é inviável. As escalas são grandes para promover espaços reduzidos e auxiliar na propaganda e na venda do imóvel.

Representação **sem** escala.

PRÁTICAS PARA A SALA DE AULA

 Peça aos alunos que desenhem a mão aberta em uma folha de papel tamanho ofício. Em seguida, oriente-os a dobrar a folha ao meio e, novamente, desenhar a mão aberta. Essa etapa da atividade – dobrar a folha ao meio e desenhar a mão – deverá ser repetida várias vezes até que seja impossível executar esse exercício no papel. O professor então pergunta: se os objetos forem maiores que o espaço de que disponho para representá-los não posso desenhá-los?

O professor ouve as respostas dos alunos e propõe que sejam testadas. Por exemplo, um aluno responde que não é mais possível desenhar a mão naquele espaço porque ela é maior do que o papel. Questiona-se o grupo: Então, posso concluir que objetos muito grandes não podem ser representados? Esse processo continua até que algum aluno diga que a mão pode ser desenhada em tamanho menor.

O professor conversa com os alunos a fim de que percebam a existência de uma série de objetos diminuídos para poderem ser desenhados. Propõe que seja estimado o valor da diminuição para poder desenhar a mão. Por exemplo: metade ou uma terça parte.

Utilizando a ideia de escala, relação entre a mão e seu desenho, construa uma escala. Defina a unidade a ser usada. Os alunos devem comparar o desenho da mão com a própria mão e responder às questões: é possível verificar diferenças entre as duas "mãos"? Quais? Por quê?

 Os alunos observam a escala do globo, e o professor questiona sobre o quanto a Terra foi diminuída. Pede que escrevam a escala e a utilizem para calcular distâncias entre, por exemplo, as cidades de:

a) Porto Alegre e São Paulo
b) São Paulo e Belém
c) São Paulo e Montevidéu
d) São Paulo e Vitória
e) São Paulo e Buenos Aires

O professor propõe que comparem as distâncias e as escrevam em ordem crescente.

Os alunos investigarão sobre rotas de avião e preço das passagens aéreas entre aquelas cidades. Escreverão os dados em ordem crescente. Farão comparações sobre distâncias e preços e relatarão suas conclusões. Podem fazer o mesmo com percursos de ônibus ou de outros meios de transporte comuns na região e os respectivos custos das passagens.

Coloque os dados em uma tabela e compare-os considerando também a observação das distâncias no globo. Em seguida, discuta com os alunos os porquês das diferenças de preço das passagens, das rotas e do tempo das viagens entre as diferentes cidades. Considere o tipo de transporte, as distâncias entre as cidades, a moeda, as acomodações e o tempo de viagem.

Comentários

O primeiro exercício tem como objetivo a construção do conceito de escala. Nele o aluno percebe que ela existe para que possamos representar lugares e objetos muito grandes. É fundamental que se chame atenção para a necessidade de generalização na representação da mão e de que muitos detalhes foram suprimidos no desenho. Assim, por exemplo, nem todas as dobras e manchas da mão estão desenhadas.

Na segunda atividade, o aluno terá oportunidade de calcular as distâncias utilizando a escala do globo. Para tanto, terá que comparar e observar as rotas no globo. Na busca pelas informações, perceberá as diferentes rotas de aviões, navios, ônibus, caminhões e verificará as relações entre distâncias, tipo de transporte e custos. A avaliação permitirá que questione os motivos das diferenças. Neste momento, o professor poderá instigar uma discussão sobre essas questões.

13 DE OLHO NA IMAGEM

O globo, ao mostrar a forma esférica da Terra, permite imaginar as dificuldades envolvidas nos processos empregados para representá-la no plano. Parece uma atividade corriqueira, mas, antes de chegarmos aos inúmeros mapas de que hoje dispomos, foi preciso que os cartógrafos encontrassem uma forma de realizar essa transposição. Para isso entraram em cena as projeções.

Da esfera ao plano! Transpor a representação da esfera para o plano não é tarefa fácil e requer o uso de técnica adequada. Fonte: Machado, Nilson. 2000, p. 28.

Mas o que é projeção? Será que há ligação com cinema? Sim, muita. Projetar é fazer aparecer a sombra de objetos em um plano, com se faz no cinema, quando a luz passa por um filme que emite sombras em uma tela.

E com a Terra? Com a representação da Terra acontece o mesmo. É como se os cartógrafos a envolvessem em folhas de papel transparentes e iluminassem seu interior. Suas formas se projetariam no papel e poderiam ser copiadas. Como há diferentes maneiras de colocar o papel sobre a esfera, há várias possibilidades de "copiar" os elementos da superfície. O sistema de projeções cartográficas é utilizado para solucionar o problema da representação da Terra (tridimensional) no plano (bidimensional). A projeção é possível graças a um conjunto de operações matemáticas que transformam as coordenadas geográficas da esfera terrestre em coordenadas planas, mantendo a devida correspondência e reduzindo ao máximo as distorções. Por meio de uma projeção consegue-se a representação bidimensional da esfera, mas não se eliminam totalmente as distorções. Isso é impossível.

Conforme o tipo de distorção que apresentam, as projeções podem ser classificadas em (a) equivalentes, quando mantêm a correspondência nas áreas mapeadas, (b) equidistantes, quando as distâncias são mantidas e (c) conformes, quando os ângulos são mantidos. Há outros critérios para classificar as projeções e há várias denominações para elas.

Em Cartografia, uma projeção caracteriza pontos de vistas diferenciados. É o olhar de quem está elaborando um mapa. Para desenhá-lo é necessário escolher a projeção, isso é, escolher o ponto de vista a partir do qual será representado o mapa. Portanto, selecionar a projeção implica selecionar a correspondência que será mantida e reconhecer as distorções que obrigatoriamente irão aparecer. Essa decisão envolve intencionalidade.

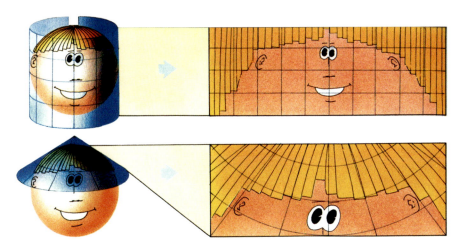

Como desenhar uma esfera em uma folha? Na transposição da representação tridimensional para a bidimensional sempre ocorrerá deformação.
Fonte: Adaptado de Jenner, 1994, p. 10.

TEXTO COMPLEMENTAR

A GEOPOLÍTICA DAS REPRESENTAÇÕES

A Geopolítica é um saber estratégico a serviço dos Estados, mas também é uma ferramenta para compreensão mais profunda e refinada das relações entre a Política e a Geografia. A análise geopolítica do espaço geográfico descortina novas e inusitadas formas de enxergar o mundo.

Tradicionalmente, a Cartografia oferece uma imagem do planeta focalizada na linha do Equador e centrada na Europa e na África. Essa imagem, reproduzida à exaustão nos planisférios, tende a perpetuar determinadas noções simplistas ou mesmo enganosas. Esses mapas "marginalizam" espacialmente as molduras continentais e insulares do Oceano Pacífico, que atualmente constituem um dos centros mundiais do poder econômico e político. Eles também criam a falsa impressão de que a América do Norte e a Ásia estão muito distantes entre si.

A geopolítica opera com mapas e projeções cartográficas menos usuais, capazes de revelar determinadas realidades pouco enfatizadas. Uma delas é a extraordinária proximidade entre superpotências nucleares (EUA e Rússia, herdeira militar da União Soviética) e a importância estratégica do Polo Norte e das terras geladas que o circundam. O simples uso da projeção polar-norte mostra os motivos que determinaram a instalação de uma série de bases militares na parte setentrional da Rússia, no Canadá, no Alasca e na Groenlândia.

A Geopolítica não serve apenas para os Estados. Serve para todas as pessoas interessadas em entender melhor um mundo marcado por disputas de poder, mudanças de fronteiras, tensões étnicas, desequilíbrios de poder econômicos e ambientais.

Fonte: Magnoli, Demétrio. O que é geopolítica: Geografia e estratégia. In: *Atlas Geopolítica*. São Paulo: Scipione, 1996, p. 7.

Projeção de Mercator (ortogonal).   Projeção de Fuller (polar).
Diferentes projeções permitem diferentes visões de mundo.
Fonte: Jenner, 1994, p. 10 e 11.

PRÁTICAS PARA A SALA DE AULA

 O professor leva os alunos para uma sala escura onde haja apenas uma fonte de luz. Em seguida pede que criem, com as mãos, figuras que possam ser iluminadas e projetadas em um anteparo, por exemplo, a parede ou o quadro.

Observando as sombras das figuras no anteparo, o professor instiga os alunos a associarem o que veem à ideia de projeção, comparando a mão em movimento (tridimensional) com as figuras projetadas (bidimensionais). A partir daí, provoca uma discussão sobre a necessidade de criar artifícios para representar objetos tridimensionais.

 Utilizando um globo, proponha que o aluno o envolva com uma folha de papel branco. Solicite que relacione o exercício anterior a esse e observe a sombra da Terra projetada no papel. Em seguida, sugira que, dentro do possível, copie os contornos dos continentes no papel. Peça que verifique as dificuldades para realizar a atividade em função de o globo ser uma esfera. Discuta soluções possíveis e proponha que crie artifícios para realizar a transposição da imagem do globo para o plano.

Quando o desenho estiver pronto, o aluno deve retirar o papel do globo e abri-lo. O professor chamará a atenção para o que surge. A sombra do globo (representação da Terra), tridimensional, transformou-se em uma representação bidimensional, o planisfério.

Comentários

As duas atividades, na verdade, são momentos de um mesmo processo que encaminha para a análise e discussão cuidadosa do conceito de projeção. Ele está sendo construído a partir de atividades lúdicas. Criando as figuras no foco de luz, o aluno percebe as distorções e as limitações decorrentes da representação de figuras espaciais no plano.

Na segunda atividade, o aluno transpõe para o globo o conceito de projeção e consegue avaliar as transformações causadas pela representação no plano.

É fundamental que o professor execute as atividades discutindo e comentando com os alunos todas as dificuldades encontradas e as possibilidades de solução. Deve chamar a atenção para o fato de que as distorções sempre acontecem nas representações planas e que a escolha da forma de desenhar os contornos dos continentes, como no exercício, é uma opção de quem elabora a representação.

Por isso, neste tema, cabe explorar as questões de geopolítica que estão presentes nas diferentes projeções, como, por exemplo, as diferenças nas distâncias entre os EUA, a Rússia e outros países da Ásia em uma projeção polar e na projeção de Mercator.

Saiba que...

... a palavra "mapa", de origem cartaginesa, significa "toalha de mesa". Os comerciantes e navegadores, ao discutirem rotas e caminhos em lugares públicos, estendiam uma toalha e rabiscavam sobre ela. Surgiu, assim, o documento gráfico chamado mapa.

... o mapa é um texto privilegiado para comunicar informações sobre o espaço geográfico. O primeiro mapa que se conhece é de origem babilônica e calcula-se que tenha sido feito por volta de 2400 a.C. Ele representava elevações cortadas por um rio.

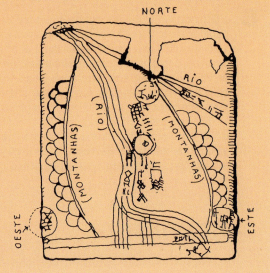

Mapa da cidade de Ga Sur. Mais antigo mapa conhecido (2500 a.C.). Foi encontrado a 300 km ao norte da Babilônia, na Mesopotâmia, atual Iraque. Fonte: Ferreira e Simões, 1989, p. 32.

A LOCALIZAÇÃO NA SUPERFÍCIE TERRESTRE

14

Localizar objetos ou lugares em superfícies esféricas foi um desafio para a cartografia: como identificar posições precisas na superfície da Terra? Durante muito tempo, foi uma tarefa difícil definir referências comuns a todos os habitantes do planeta que pudessem ser usadas para a devida localização.

Para localizar objetos ou lugares necessitamos construir um sistema de referências ou coordenadas. A palavra "coordenada" significa "diretriz", "orientação", "indicação". Implica a possibilidade de criar condições para localizar, orientando aquele que precisa saber onde está um lugar. Uma localização precisa é possível por meio de um sistema de coordenadas.

As coordenadas geográficas reúnem as informações necessárias à localização de qualquer ponto na superfície da Terra. Esse sistema é constituído de linhas imaginárias que recobrem o globo. Para traçar essas linhas, é preciso considerar inicialmente um eixo central, que, no caso da Terra, é o eixo polar, e um plano que corte esse eixo perpendicularmente e em seu centro. A partir desse eixo e desse plano são traçadas outras linhas.

Das linhas destacam-se a os **meridianos**, os paralelos e a linha do Equador. Grandes círculos passam pelos polos, dividindo a Terra em dois hemisférios: Leste e

Meridianos são linhas imaginárias que ligam um polo do planeta ao outro. São, portanto, semicircunferências. Em 1884, por convenção, escolheu-se o plano que contém o Meridiano de Greenwich para dividir o planeta em dois hemisférios: oriental (ou leste) e ocidental (ou oeste). Esse meridiano, também chamado de Meridiano Inicial, atravessa a Grã-Bretanha, na extremidade oeste da Europa, e a porção ocidental da África. Com relação à distribuição dos blocos continentais, observa-se que a maior parte se situa no hemisfério oriental, destacando a América como o único continente inteiramente no hemisfério ocidental.

Oeste. A metade de cada um desses círculos chama-se meridiano. São linhas que unem um polo ao outro.

Os paralelos são círculos menores da esfera. Seus planos são perpendiculares ao eixo de rotação da Terra ou eixo dos polos. São linhas equidistantes do Equador.

A linha do Equador delimita o plano perpendicular à linha dos polos que passa pelo centro da esfera cortando-a em duas parte iguais (em latim *equales*). É o único paralelo que é também um grande círculo ou círculo máximo, dividindo a Terra em dois hemisférios: Norte e Sul.

Quando paralelos e meridianos se cruzam, pontos são estabelecidos para determinar as coordenadas de um local, ou seja, sua localização.

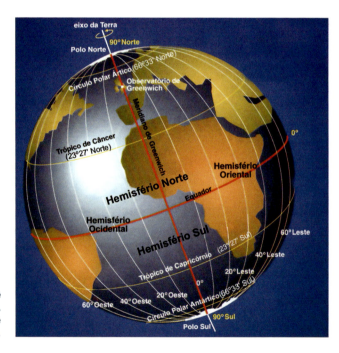

Linhas da rede de coordenadas.
Fonte: Adaptado de Matsura, 1996, p. 15.

A linha do Equador é a linha inicial para as medidas de latitude de qualquer ponto na superfície da Terra. Sua definição remonta à

> **Eratóstenes** nasceu no ano de 276 a.C., em Cirene, uma cidade grega situada na costa africana, onde hoje é a Líbia. Ele foi filósofo e astrônomo. Dirigiu a Biblioteca e o Museu de Alexandria e foi autor de várias obras. Foi o primeiro a efetuar a medição científica da circunferência da Terra a partir da diferença da latitude entre Siena (atual Assuan) e Alexandria. Os erros compensados de suas observações levaram-no a uma exatidão surpreendente: cerca de 46 mil km para um valor real de 40 mil km. Infelizmente, esse resultado foi logo esquecido, e os sucessores de Eratóstones adotaram um valor nitidamente inferior (28.400 km).

> **Antimeridiano** é a denominação do meridiano que tem posição exatamente oposta ao Meridiano de Greenwich.

Antiguidade por meio dos estudos de **Eratóstenes**. Mas ainda não estava resolvida a questão da localização. Além da definição da latitude, era preciso calcular a longitude e definir um meridiano inicial. Calcular a trajetória dos barcos e planejar rotas de navegação eram grandes preocupações. Com apenas uma referência, a localização era imprecisa. Sem o dado de longitude, muitos barcos não conseguiam chegar a seus destinos; cargas, navios e marinheiros desapareciam pela imprecisão das rotas.

Ao longo dos anos, diferentes meridianos foram utilizados como marcos para determinar limites territoriais e assinar acordos entre nações. No Tratado de Tordesilhas, por exemplo, o meridiano que passa a oeste do arquipélago do Cabo Verde serviu como referência. Até 1717 não era conhecido o cálculo da longitude, ainda que os meridianos já estivessem estabelecidos. A definição do Meridiano de Greenwich como referência universal e de seu **antimeridiano** para a mudança de data no calendário só foi tomada em 1884, na Conferência Internacional do Primeiro Meridiano.

Com um sistema de coordenadas que utilizam como referência a linha do Equador e o Meridiano de Greenwich foi possível, então, localizar qualquer ponto na superfície da Terra e em suas representações, ou seja, mapas e globos.

TEXTO COMPLEMENTAR

COORDENADAS TERRESTRES: O PROBLEMA DO PONTO

Sendo o mapa, antes de tudo, um instrumento criado para responder às questões "Onde estou?" ou "Onde está esse objeto?", a localização dos lugares geográficos deve ser enfocada com o máximo de precisão e fidelidade. De fato, essa foi uma das maiores preocupações dos cartógrafos em todos os tempos. O problema pode ser resolvido de duas maneiras: determinando cada ponto sucessivamente, de acordo com um ponto de origem conhecido, ou determinando seu lugar em uma rede coerente de coordenadas.

A primeira solução é a adotada para o levantamento de plantas. É também a que se aplica, empiricamente, na preparação dos itinerários e dos mais antigos mapas de navegação. A partir de um lugar de origem, capital de império ou porto de embarque, observavam-se as direções em relação ao Sol, as estrelas e as distâncias, avaliadas em passos ou em tempos, que eram traduzidas em extensão. Da imprecisão dessas medidas, evidentemente, resultaram erros consideráveis. Um passo decisivo foi dado com a introdução da bússola, trazida do Extremo Oriente para o Ocidente pelos árabes no final do século XII. Os marinheiros determinavam a posição dos cabos segundo suas bússolas marítimas e, medindo os ângulos em relação ao norte magnético – "os rumos" –, confeccionaram mapas em que figuravam as principais direções seguidas. Cortes a partir de outros pontos conhecidos davam a posição das estações desconhecidas: inversamente, a rota traçada no mapa fornecia a direção a seguir. Esses "mapas de pilotos", "portolanos" ou "portulanos" devem ter se revelado suficientemente exatos e eficazes para assegurar, a partir do século XIV e até o século XVI, um êxito merecido.

Fonte: Joly, 1990, p. 37-38.

PRÁTICAS PARA A SALA DE AULA

Para esta atividade são indispensáveis os seguintes materiais: uma bola de isopor, alfinetes com cabeça colorida, fios de lã de diferentes cores ou canetinhas coloridas.

O professor finca alfinetes com cabeça colorida em uma bola e pede aos alunos que observem as posições. Então, propõe perguntas que encaminhem para a localização dos alfinetes. Por exemplo, como posso localizar esses alfinetes na superfície da bola?

A cada solução proposta pelos alunos, o professor deverá discutir com o grupo se é possível encontrar o alfinete utilizando o caminho proposto pelo colega. Esse processo deverá continuar até que alguém sugira que se estabeleçam referências. Nesse momento, o professor deverá discutir com o grupo o que é referência e como pode ser utilizada. Então, qual seria a referência a ser utilizada para localizar os alfinetes na bola de isopor?

O professor analisa, junto com os alunos, seus endereços ou o endereço da escola, chamando a atenção para o que significa o nome da rua e o número da casa. O endereço é um ponto definido por duas coordenadas: a rua e o número. A partir daí, propõe o uso da rede de coordenadas como referência, transpondo a ideia para a bola de isopor a fim de localizar os alfinetes.

Os alunos constroem, então, uma rede de coordenadas na bola de isopor colando o fio ou riscando com as canetinhas, usando cores diferentes para as linhas verticais e horizontais. Com as canetinhas identificam as linhas de referência inicial (Equador e Greenwich), numeram em ordem crescente a partir do Equador as linhas horizontais e marcam com letras as linhas verticais.

Feita a rede de coordenadas, os alunos localizam com alfinetes alguns pontos de sua escolha e discutem como deverá ser feita a escrita dessa localização para que qualquer um encontre o ponto e não haja erro na localização.

A atividade continua com a transposição para o globo terrestre da noção de coordenadas e de localização de objetos ou lugares na superfície terrestre.

Comentários

O exercício, ao longo de sua execução, permite que o aluno perceba a relação entre localização e sistema de referência. O papel das coordenadas é destacado como a forma eficiente de localizar desde as formas mais elementares (menos precisas) até as que exigem grande precisão.

Ao longo da atividade, é fundamental que o professor esteja atento à participação dos alunos, deixando-os descobrir respostas, orientando o desenvolvimento do pensamento. Lembre-se de que tudo o que é construído mais facilmente será lembrado. Um tempo maior despendido nessa atividade será compensado pela aprendizagem significativa desses conceitos.

GLOSSÁRIO

Equador é a linha que delimita o plano perpendicular à linha dos polos e que passa pelo centro da esfera dividindo-a em duas partes iguais (do latim *equales*).

Paralelos são círculos da esfera cujo plano contém o eixo de rotação da Terra ou eixo dos polos. São linhas equidistantes do Equador.

15 SEM O ENDEREÇO COMPLETO, A GENTE NÃO SE ENCONTRA...

A latitude é uma das referências que nos indica a posição de um lugar ou objeto (cidade, vulcão, navio, etc.) na superfície da Terra. Ela dá uma informação indispensável para acharmos um "endereço".

A latitude de um lugar da superfície da Terra é a medida do ângulo cujo vértice é o centro da Terra. Ela tem uma das extremidades no lugar e a outra sobre a linha do Equador, no ponto onde essa linha cruza o meridiano do referido lugar. Como a latitude é uma medida angular, ela é sempre indicada em graus. A medida da latitude varia de 0°, na linha do Equador, a 90° nos polos. A medida corresponde a uma quarta parte do valor total da circunferência (360°).

Um endereço na Terra não está completo apenas com a latitude. É como se indicássemos a rua sem dizer o número. Mas o valor da latitude é sempre a primeira indicação. Para que uma latitude esteja corretamente indicada, é preciso que se anote, além de seu valor em graus (e em minutos e segundos, se for o caso), o hemisfério onde o lugar está situado. Um lugar pode estar ao sul ou ao norte da linha

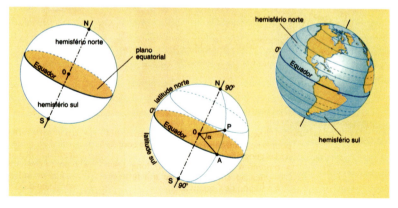

Plano equatorial e ângulo de latitude.
Fonte: Adaptado de Garcia e Garavello, 1998, p. 25.

do Equador. A indicação é feita pelo uso das letras N ou S. Veja os exemplos:

Brasília	15º 46' S	Auckland	36º 55' S
São Paulo	23º 32' S	Buenos Aires	34º 40' S
Tóquio	35º 40' N	Shangai	31º 13' N
Moscou	56º 16' N	Nova York	40º 40' N
Londres	51º 30' N	Cidade do Cabo	33º 56' S
Paris	48º 52' N	Porto Alegre	30º 01' S

Em *sites* como o da Fundação Instituto Brasileiro de Geografia e Estatística (FIBGE – www.ibge.gov.br), é comum o registro das coordenadas por meio de uma sucessão de seis algarismos. Os dois primeiros correspondem aos graus, os dois seguintes aos minutos e os dois últimos aos segundos. Esses algarismos são precedidos do sinal de menos (-) se o valor da **latitude** for Sul, conforme os exemplos:

| Fortaleza | 03º 43' 02" S | ou | -034302 |
| Rio de Janeiro | 22º 54' 10" S | ou | -225410 |

O valor da **latitude** é visualizado com facilidade em um globo. Na maioria deles, há um arco, em geral plástico, que vai de polo a polo. Chama-se arco semimeridiano. Nele estão escritos os valores dos paralelos (linhas de latitude). Basta girar o globo até o ponto em que queremos determinar a latitude e chegar próximo ao arco para fazer a leitura direta do valor.

Nos globos mais simples, sem o arco de semimeridiano, o valor da linha de latitude está escrito sobre a própria linha. Elas geralmente estão traçadas de 15 em 15 graus.

Arco semimeridiano
Fonte: López, 1994, p. 43.

Um globo em suas mãos ■ **105**

PRÁTICAS PARA A SALA DE AULA

 Providencie ou peça a cada dupla de alunos que traga de casa um pedaço pequeno de barbante, duas esferas de tamanhos diferentes que possam ser abertas, como bolas de isopor ou frutas arredondadas (laranja, por exemplo) e um transferidor.

Em aula, oriente-os a ir executando as mesmas etapas que você desenvolve enquanto mostra um globo e instigue-os a relacionar a forma da Terra à da esfera que estão utilizando. Como você, eles marcarão um grande círculo correspondente à linha do Equador e dividirão a esfera ou a fruta maior ao meio, no sentido do eixo da Terra (na vertical). Depois, com a caneta, marcarão dois ou três pontos na superfície da esfera ou na casca da fruta, junto ao corte, e a letra N para a parte que corresponde ao hemisfério Norte e S para a do hemisfério Sul.

Observando as etapas que você desenvolve, a dupla usará o transferidor para colocá-lo no centro da esfera/fruta para fazer as leituras dos ângulos formados entre o centro da esfera, a linha do Equador na esfera e um dos pontos. Compreendido o procedimento de leitura com o transferidor, será definida a "latitude" do primeiro ponto, que será indicada pelo valor em graus e pela letra N ou S. Em seguida, cada dupla estabelece a latitude dos outros pontos marcados na esfera, registrando-os.

Repita o exercício com a esfera ou com a fruta menor, pedindo que marquem pontos em posições muito aproximadas às marcadas anteriormente na esfera ou na fruta maior em relação à linha do Equador e aos polos e que façam as medidas de latitude.

Pegue novamente as duas esferas e solicite que a dupla acompanhe seus procedimentos. Usando o barbante, meça nas duas esferas (uma maior e outra menor) a distância entre a linha do "Equador" e o ponto mais próximo a ela, o qual tenha sido marcado na superfície da esfera ou da fruta. A latitude antes encontrada era a mesma ou muito similar. E a medida

Schäffer, Kaercher, Goulart e Castrogiovanni

de distância, feita com o barbante, é a mesma? Repita com mais um ponto.

2. Finalize a atividade pedindo que procurem no globo uma cidade ou um acidente geográfico que tenha uma latitude correspondente a um dos pontos marcados na esfera ou na fruta.

3. Em grupos, os alunos escolhem um nome de identificação para seu grupo e, no globo terrestre, três cidades para definir a medida da latitude. Selecionadas as cidades e determinadas as latitudes, cada grupo preparará tiras de papel com o nome do grupo e com os nomes das cidades com que trabalhou. Fará tantas tiras quantos forem os demais grupos na sala e as distribuirá para que determinem as latitudes. É provável que algumas cidades se repitam.

Concluído o exercício com as latitudes, as tiras preenchidas são devolvidas ao grupo original. Ele recebe as respostas e se responsabiliza pela revisão delas. Nesse processo, analisam-se os resultados, investiga-se a razão de respostas diferentes, identificam-se as dificuldades de aprendizagem do próprio grupo ou dos demais colegas e elabora-se uma orientação para refazer o trabalho, sugerindo, se for o caso, o nome de outras cidades para um novo exercício.

Comentários

Com a primeira atividade, é possível levar o grupo a concluir que pontos situados em posições similares na superfície de uma esfera, em relação a seu "Equador", mesmo que em esferas de diferentes tamanhos, terão o mesmo valor de ângulo, o mesmo número de graus, ou seja, a mesma latitude. Eles poderão observar que, para um mesmo ângulo, a distância na superfície da esfera varia conforme o tamanho da esfera, pois o arco de círculo formado por um ângulo varia conforme o tamanho da esfera. Em esferas maiores, os arcos também terão, consequentemente, um tamanho maior. A partir daí será fácil encaminhar a compreensão da diferença entre a medida da latitude, que é um ângulo indicado em graus, e a medida de distância entre duas latitudes, que é um arco apresentado em quilômetros ou milhas.

Um globo em suas mãos ■ **107**

Um aspecto a considerar nesta atividade diz respeito ao pedido de materiais aos alunos. Nem sempre é possível obter, conforme o lugar, uma bola de isopor que se abra ou pedir a alunos de famílias carentes que tragam frutas para atividade em aula. Planejamento e organização interna na escola dão conta de vencer esses desafios que se apresentam na prática do professor.

Trabalhar com exercícios que dão visibilidade às medidas de ângulo possibilita significar o conceito de latitude. No entanto, é interessante verificar se o grupo já tem algum conhecimento sobre ângulos e medidas angulares. Um trabalho desenvolvido em parceria com o professor de Matemática será oportuno em atividades dessa natureza para que melhor se explore esse conhecimento nas duas áreas.

Pode-se ainda ampliar e problematizar temas geográficos diversos a partir de exercícios sobre latitude usando o globo terrestre. Se os alunos colecionarem por duas semanas notícias de jornais e revistas, as cidades referidas nos materiais poderão ser aproveitadas em aula para exercícios de localização em um globo e propiciar uma discussão sobre essas referências e suas latitudes em relação a alguns fenômenos, como um desastre ambiental recente, uma importante área agrícola, uma bacia hidrográfica, uma rota de migração, um conflito étnico, etc. Esse tipo de exercício aproxima a informação e sua espacialidade do cotidiano dos alunos e abre um leque de indagações e de aprendizagens.

Exercícios com as coordenadas geográficas ("endereços") auxiliam o professor a provocar discussões mais abrangentes, ultrapassando os limites da posição absoluta dada pelas coordenadas geográficas para discutir a posição relativa: Qual é meu lugar no mundo? Qual é o lugar das pessoas na sociedade e nos diferentes grupos sociais? Que endereços construímos simultaneamente em relação aos diferentes grupos sociais, sejam étnicos, de gênero, de opção política ou sexual, de faixa etária ou religião, de preferências musicais ou esportivas? Temos um endereço "físico", um lugar na Terra, que nos situa formalmente no planeta. Mas temos outros endereços sociais que precisamos compreender.

Saiba que...

... a diferença de um grau de latitude entre dois lugares na linha do Equador corresponde a uma distância de cerca de 111 km ou 69 milhas. Essa distância é um pouco menor próximo aos polos, já que a Terra não é uma esfera perfeita e apresenta certo achatamento naquelas regiões. Face às grandes distâncias entre um grau e outro, para localizar um ponto é preciso detalhar o valor da latitude. Isso se faz pela divisão do grau em partes menores. As medidas mais exatas são necessárias no transporte marítimo e aéreo.

Cada grau pode ser dividido em 60 partes iguais chamadas minutos (') e cada minuto em outras 60 partes iguais chamadas segundos ("). Mesmo o segundo pode ser dividido para obter maior precisão, permitindo a localização de qualquer ponto na face da Terra, não importando quão pequeno ele possa ser, como uma casa ou um poço.

... no romance de Julio Verne, *Os filhos do Capitão Grant*, o tema da localização por meio de uma única referência é explorado, mostrando as dificuldades que se apresentam quando não dispomos da outra medida, a longitude. Vale a pena ler!

... é importante relembrar aos alunos que os minutos e os segundos dos graus das medidas angulares não são os mesmos minutos e segundos da medida de tempo do relógio, inclusive com registro gráfico diferente. Aproveite para trabalhar a forma correta de grafar uma e outra medida.

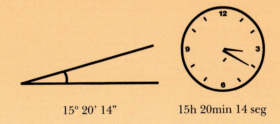

15° 20' 14"   15h 20min 14 seg

16 COM A LONGITUDE, O ENDEREÇO ESTÁ COMPLETO

Não basta a informação da latitude para se ter uma localização completa. Para localizar um ponto na superfície da Terra, precisamos da indicação da latitude e da longitude.

Para entendermos esta referência no "endereço", é preciso lembrar que em um globo podemos traçar inúmeros grandes círculos. Como uma esfera tem **360º de circunferência**, se a dividirmos grau a grau, teremos 180 grandes círculos que passam pelos polos. Podemos traçar muitos outros desses círculos entre um grau e outro. A metade de cada um deles recebe o nome de meridiano.

Dois lugares situados sobre dois meridianos diferentes na superfície da Terra formam, no cruzamento desses meridianos com o plano do Equador e com o centro da Terra, um ângulo. Longitude é a medida desse ângulo. Para calculá-la, toma-se como referência o Meridiano de Greenwich. A longitude também é uma medida angular e, por isso, é sempre indicada em graus.

> Foram os babilônios que inventaram o sistema pelo qual se estabeleceu o valor de **360º de circunferência** para qualquer círculo adotada até hoje. Não importa o tamanho, um círculo é sempre dividido em 360 seções chamadas graus. Portanto, cada grau é uma fração de uma esfera. Cada grau é dividido em 60 novas seções (minutos) e cada minuto em novas seções (segundos). É possível continuar subdividindo, dependendo do grau de precisão exigido.

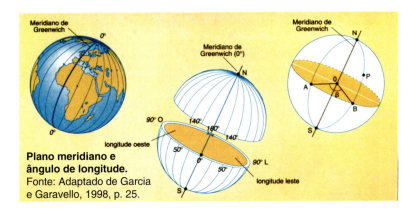

Plano meridiano e ângulo de longitude.
Fonte: Adaptado de Garcia e Garavello, 1998, p. 25.

A medida angular de **longitude** varia de 0° em Greenwich a 180°, posição exatamente oposta ao Meridiano de Greenwich, denominada de antimeridiano. Esses graus de longitude são contados a leste e a oeste de Greenwich e são indicados pelas letras W (oeste) e E (leste). Veja os exemplos:

Brasília	47° 55' W	Auckland	174° 47' E
São Paulo	46° 38' W	Buenos Aires	72° 55' W
Tóquio	139° 45' E	Shangai	121° 25' E
Moscou	38° 08' E	Nova York	73° 50' W
Londres	0° 10' W	Cidade do Cabo	18° 28' E
Paris	2° 20' E	Porto Alegre	51° 13' W

No passado, media-se a **longitude** a partir do meridiano de uma cidade qualquer, considerado o meridiano de referência. Dessa forma, falava-se em Meridiano de Tordesilhas, Meridiano de Paris, Meridiano do Rio de Janeiro. Mais tarde, cada país passou a adotar um *meridiano zero*, em geral o da capital do país. O aumento das comunicações e das viagens internacionais, sobretudo a partir do século XIX, exigiu a definição de um meridiano padrão internacional para as medidas de longitude e horário. Uma conferência internacional, reunida em Washington, em 1884, decidiu que o Meridiano de Greenwich, próximo a Londres, seria o meridiano padrão ou inicial ou primeiro.

A longitude também pode aparecer indicada por uma sucessão de seis algarismos. Os dois primeiros correspondem aos graus, os dois seguintes aos minutos e os dois últimos aos segundos. Se a longitude for oeste será inserido um sinal de menos (-) antes dos algarismos, conforme os exemplos:

Fortaleza	38°32' 35" W	ou	-383235
Rio de Janeiro	43° 12' 27" W	ou	-431227

 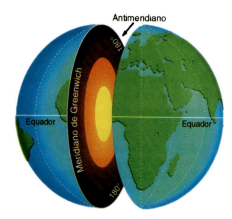

Meridianos e Linha Internacional de Mudança de Data (LID ou LIMD).
Fonte: Adaptado de Lucci, 2001, p. 47.

Antimeridiano.
Fonte: Adaptado de Lucci, 2001, p.47.

Diferentemente da latitude, a medida em quilômetros de um arco formado na superfície da Terra entre dois meridianos vai diminuindo da linha do Equador até os polos, isto é, varia com a latitude. Isto ocorre porque todos os meridianos convergem para os polos. Na linha do Equador, a distância entre dois meridianos que distam entre si um grau é de 111,3 km. Na latitude 50°, o comprimento desse arco entre dois meridianos é de aproximadamente 72 km. No polo (90° S ou 90° N), a distância entre dois meridianos é zero.

O cruzamento de um meridiano e de um paralelo indica uma posição que é única e inconfundível. É um endereço completo na Terra!

PRÁTICAS PARA A SALA DE AULA

 Trabalhando com uma bola de isopor, com fios coloridos, com cola e com um globo para demonstração, o professor orienta a confecção de globos e explora diversas relações.

Na bola, com fios de diferentes cores, são traçados inicialmente grandes círculos: a linha do Equador e um número de meridianos determinado em conjunto com os alunos, conforme o tamanho da bola que estão usando. Depois se traçam círculos paralelos e equidistantes da linha do Equador correspondentes aos trópicos e aos círculos polares. É interessante que, para os paralelos que estão na mesma latitude ao sul e ao norte da linha do Equador, seja usada a mesma cor de fio.

Há bolas de isopor que podem ser abertas ao meio. Abrindo-as, segundo o plano do Equador, é possível desenhar com caneta ou com os fios os ângulos correspondentes às medidas de longitude. Se as abrirmos conforme o plano vertical, ao longo do eixo terrestre, pode-se marcar e visualizar o ângulo que representa uma latitude. Assim, pouco a pouco, é possível visualizar a rede de coordenadas e os ângulos que correspondem à latitude e à longitude para um mesmo ponto.

 Previamente, o professor solicita aos alunos que colecionem e que tragam em data estipulada notícias de jornal sobre o panorama mundial. Fica a critério do aluno a seleção do tema: questões ambientais, conflitos internacionais, esportes, etc. Em aula, eles listam as cidades citadas e as localizam no globo. Se a cidade citada não constar no globo, trabalham com outra qualquer do país relacionado. Com o uso do globo, as longitudes dessas cidades são estabelecidas e calculadas as diferenças em graus entre a longitude delas com a do lugar em que vivem.

Pode-se pedir que escolham uma das cidades para calcular a distância em quilômetros do lugar onde estão. Basta medir com uma fita o arco do círculo máximo que passa entre sua cidade e a cidade escolhida. O professor desdobra e amplia esses exercícios práticos de medidas angulares e de superfície questionando e provocando perguntas entre os alunos: Qual a proximidade do lugar em que vivem com os fatos noticiados? Que informações as notícias selecionadas destacam e como aprofundá-las? Que temas os alunos privilegiaram em suas escolhas?

 Em grupos ou individualmente, os alunos escolhem cinco pontos no globo e procuram determinar a longitude. É importante que o professor dê tempo suficiente aos alunos para a realização do exercício e que os acompanhe, observando as dificuldades e solicitando novos pontos para aqueles mais ágeis na realização da tarefa. A conferência coletiva do exercício pode ser feita pela seleção de cidades, não sendo necessário corrigir os dados de todas as cidades trabalhadas.

Com cidades situadas em diferentes meridianos, solicita-se que os alunos calculem as diferenças em graus de longitude.

 Siga a mesma orientação da atividade anterior para que os alunos estabeleçam o "endereço completo" de algumas cidades. Peça que escolham cidades localizadas em diferentes hemisférios e algumas capitais brasileiras. Se os alunos tiverem oportunidade de consultar o *site* do IBGE, sugira que confiram as coordenadas das cidades brasileiras obtidas pela leitura do globo com aquelas que constam no *site*.

Comentários

A construção de um globo em isopor é uma atividade que tem sido frequentemente desenvolvida pelos professores com seus alunos. Ela é importante para dar significado ao conhecimento de conceitos e relações espaciais. Nessa iniciativa, o professor de Geografia poderia ser acompanhado pelo professor de Artes, na seleção, na organização e na montagem dos materiais de trabalho, e de Matemática, discutindo as medidas a serem utilizadas. O acompanhamento favorece situações interdisciplinares de trabalho.

A compreensão da medida da longitude é uma aprendizagem significativa no conjunto dos conhecimentos geográficos. Exercícios e jogos com este tema e suas implicações, bem como o manuseio do globo, fazendo o movimento para leste e oeste, preparam o aluno para trabalhar diversos temas, como as relações entre diferenças de horários no planeta e os fluxos de informações e de comércio. O entendimento dessas relações é indispensável em um mundo em que a circulação internacional tornou-se cotidiana e as informações sobre outros lugares e outros horários entram na casa de cada aluno, em tempo quase real, por meio da televisão, do rádio, do jornal e principalmente da internet, fazendo parte de sua realidade diária.

O TEMPO NÃO PARA... 17

O congresso de cientistas realizado em Washington estabeleceu que o fuso inicial vai de 7°30' leste a 7°30' oeste do Meridiano de Greenwich. A **hora marcada** por esse fuso é denominada *Greenwich Meridian Time* (GMT). Todos os demais fusos são contados a partir dele, que é o primeiro, indo até 12 para leste, hora adiantada com relação ao Greenwich, pois o Sol nasce a leste, e até 12 para oeste, hora atrasada em relação a Greenwich. No centro do décimo segundo fuso, ocorre a troca de data. A França foi um dos países que não aderiu ao acordo estabelecido em Washington pressionando a comunidade internacional para que o fuso inicial tivesse no seu centro o meridiano que passa sobre Paris. Com a Primeira Guerra Mundial e o consequente enfraquecimento político e econômico da França, o sistema adotado pelo Congresso de 1884 tomou dimensões globais.

O registro do tempo sempre fascinou o homem. A necessidade de registrar o passar do tempo tem levado a humanidade a criar diferentes instrumentos, técnicas e convenções.

A **hora marcada** em nosso relógio está relacionada ao movimento de rotação da Terra e a uma convenção internacional. A Terra dá uma volta completa em torno do seu eixo imaginário, de oeste para leste, em aproximadamente 24 horas. Ela gira sobre si mesma a 32 km por minuto na linha do Equador, ou seja, quem mora sobre a linha do Equador gira a 1.920 km por hora.

O movimento diário aparente do Sol foi a base para os homens estabelecerem a contagem do tempo. A variação da projeção da sombra de um objeto qualquer, durante o dia, funcionava como relógio para os antigos. Daí surgiram os diferentes tipos de relógio de sol. Com o passar dos anos, a preocupação voltou-se para a precisão na medida do tempo. Com isso, em 1675, o que conhecemos atualmente como relógio ganhou o ponteiro de minuto.

Além da precisão, outro desafio para a definição do tempo foi o horário que cada lugar adotava e que era definido a partir de um meridiano local, geralmente o da capital do país. Com o uso do telégrafo nas comunicações internacionais e com a expansão do transporte ferroviário, surgiu a necessidade de organizar o tempo no globo. Esse problema também foi tema do congresso de cientistas realizado em Washington (EUA), em 1884, o qual reuniu representantes de 36 países. O encontro deu origem ao sistema de fusos horários.

Fuso horário é cada um dos 24 gomos ou faixas do globo estabelecidos a partir do conhecimento de que a Terra faz em 24 horas, aproximadamente, uma volta completa em torno de seu eixo imaginário. Portanto, ela gira 360° em 24 horas, ou seja, 15° a cada uma hora, ou, ainda, um grau a cada quatro minutos. Cada fuso horário possui uma hora de diferença em relação ao fuso vizinho. No fuso que está a leste, temos uma hora a mais. Já no que está a oeste, há uma hora a menos. Todos os lugares que pertencem a um mesmo fuso têm a mesma hora. Para a contagem legal das horas, os limites entre um fuso e outro nem sempre são exatamente aqueles dos meridianos. Isso se deve à conveniência de ordem prática regional.

O Congresso de Washington estabeleceu que:

a) o fuso horário inicial seria aquele cujo centro é o Meridiano de Greenwich que passa sobre o Observatório Astronômico Real;
b) cada fuso horário seria regido pela hora de seu **meridiano central** e
c) a Linha Internacional da Mudança da Data estaria no espaço antimeridiano.

Em alguns globos há um seletor de tempo ou quadrante horário, um disco plástico, colocado sobre o polo norte, fracionado em vinte e quatro intervalos correspondentes às horas do dia. Nele obtém-se diretamente o horário de um lugar em relação a Greenwich.

Seletor de tempo.
Fonte: López, 1994, p. 37.

TEXTO COMPLEMENTAR 1

GREENWICH

No século XIX, a cidade de Greenwich, na atual área metropolitana de Londres, na Inglaterra, contava com o principal observatório astronômico do planeta. A importância desse observatório, fundado em 1675, está intimamente relacionada à expansão e ao poderio naval, econômico e político da Inglaterra desde o século XVI. Por isso foi feita a escolha daquele meridiano como *meridiano inicial* ou *meridiano de origem* para todos os cálculos de longitude. O observatório de Greenwich, transportado para Sussex desde meados do século passado devido ao aumento das luzes na área de Londres, é o mais antigo observatório em uso permanente no mundo. Dele são emitidos dados a marinheiros e pilotos em todos os quadrantes, cumprindo sua função original, que era tornar mais segura a navegação.

TEXTO COMPLEMENTAR 2

LINHA INTERNACIONAL DE MUDANÇA DE DATA

Ao longo do meridiano 180°, no Oceano Pacífico, encontramos no globo a Linha Internacional de Mudança da Data (LID ou LIMD). Ela marca a metade do caminho em torno do mundo partindo de Greenwich. Quando for meio-dia em Greenwich, será meia-noite na Linha Internacional de Mudança da Data e é lá que um novo dia está chegando. Ganhamos ou perdemos uma hora a cada 15° viajando, respectivamente, no sentido leste ou oeste de Greenwich. Se viajarmos em torno do mundo, perderemos ou ganharemos um dia inteiro ao cruzarmos a LID. A LID é o lugar acordado internacionalmente no qual ocorre a perda ou o ganho de um dia.

Linha Internacional de Mudança de Data.

Um globo em suas mãos ■ **117**

Há algumas curiosidades em relação à LID:

... a fim de que o extremo oriental da Sibéria possa ter a mesma data que as demais áreas do leste da Rússia e que as ilhas da costa oeste do Alasca a mesma data que possui o resto daquele Estado americano, a LID movimenta-se, afastando-se para leste e para oeste do meridiano 180°. As ilhas de Samoa, extremo de um outro afastamento da LID, são um lugar convencional para que os navios ajustem a mudança da data.

... quando é meio-dia, domingo, de um 1º de janeiro, no lado ocidental da LID, é meio-dia, sábado, 31 de dezembro, no lado oriental. Indo para o leste atrasa-se um dia. Quando a terça-feira chega na LID, é segunda-feira nas outras áreas do mundo. Um novo dia move-se para o oeste.

... somente à meia-noite na LID encontramos o mesmo dia em todo o mundo. Um instante após, há dois dias acontecendo na Terra ao mesmo tempo.

... em um voo que decolasse no domingo, de Tóquio, no Japão, com destino a São Francisco, nos EUA, você iniciaria o jantar no domingo à noite e o terminaria no sábado, porque viajou para leste e cruzou a LID.

... no livro de Júlio Verne, *A volta ao mundo em 80 dias*, que existe em filme, o autor explora o tema mudança de data. Os personagens viajam sempre para leste durante oitenta dias. Pelo calendário, porém, só gastaram 79 dias.

... um voo que parta de Paris às 00h 15min de uma segunda-feira, dia 14, chegará a Londres às 23h 45min de domingo, dia 13, visto que o tempo de duração do voo é de 30 minutos e Paris está um fuso a leste de Londres.

PRÁTICAS PARA A SALA DE AULA

 Solicite aos alunos que tragam uma lata vazia de refrigerante e cola. Providencie, para cada aluno, a cópia de um planisfério em uma medida que envolva a lata e que já possua os fusos horários assinalados.

Com o auxílio de uma lanterna que simule o efeito da luz solar sobre a superfície da Terra, ilumine uma face do globo e movimente-o de diferentes maneiras. Observando o globo, peça que reforcem no mapa o Meridiano de Greenwich e seu antimeridiano. Mostre algumas cidades no globo e peça que os alunos transfiram a localização delas para o planisfério. Cada aluno cola o planisfério na lata, buscando uma aproximação ao globo terrestre.

Crie situações para que os alunos, com o auxílio da lata em movimento, compreendam a necessidade do estabelecimento de uma linha para a mudança da data e suas implicações. A primeira situação pode ser aquela em que é meio-dia em Londres e desejamos saber as horas no antimeridiano. E nas áreas próximas a ele, a leste e a oeste? E em dois lugares, um situado a 170º oeste e o outro a 170º leste? Por que, durante o horário de verão, cidades do Sul do Brasil e do Nordeste, que estão no mesmo fuso, têm diferença de uma hora?

A conversa entre o Globildo e a Globilda ilustra situações de diferentes datas em um mesmo momento.

Comentários

Uma das dificuldades na compreensão dos fusos horários é a Linha Internacional da Mudança da Data. É indispensável a criação de diferentes simulações para que os alunos possam operar com o globo e, assim, compreender a necessidade real da mudança da data. A lata, como aproximação ao globo, facilita essa abstração. O aluno constrói seu próprio instrumento de observação. Representar algo favorece a ideia de que conhecemos, dominamos, nos pertence o que está sendo representado e pode ser facilmente manuseado. A lata, além de estar no nível visual de cada aluno, tem a forma de um cilindro, e nela os fusos horários apresentam-se como faixas homogêneas. Isso facilita a visualização dos lugares que serão assinalados para as simulações.

Cabe lembrar que o professor, ao longo de toda a atividade, deve instigar o aluno com questionamentos sobre a temática. Por exemplo: por que a China, apesar de toda a sua extensão longitudinal, utiliza apenas um fuso horário? Por que, se Porto Alegre e João Pessoa estão no mesmo fuso, o Sol nasce bem antes em João Pessoa? Por que a Argentina emprega em todo o seu território o mesmo fuso de Brasília?

Um globo em suas mãos

GLOSSÁRIO

O **meridiano central** de cada fuso é sempre um meridiano múltiplo de 15, a leste ou a oeste de Greenwich. A palavra *meridiano* significa meio-dia em latim, por isso as horas antes do meio-dia são denominadas de a.m., ou seja, antes do meridiano, e as horas após o meio-dia se chamam p.m. (pós-meridiano).

Saiba que...

... o primeiro relógio de sol teria surgido na Mesopotâmia, por volta de 700 anos a.C. Os gregos adotaram o relógio do sol e o chamavam de *quadrante solar* ou *gnômon*. A criatividade do homem somada à necessidade de determinar a hora levou à criação da *clepsidra* (relógio de água) e da *ampulheta* (relógio de areia). Mesmo hoje o relógio do sol é utilizado, apesar de não indicar a hora quando o Sol está encoberto.

... em alguns países, ou em parte deles, especialmente nas áreas subtropicais e temperadas, adota-se horário de verão. No início do horário de verão, os relógios são adiantados em uma hora e voltam a ser acertados no final do período, pouco mais de três meses depois. No Brasil, este horário é utilizado de meados de outubro a meados de fevereiro para aproveitar melhor o período mais longo de luz durante o dia e, com isso, reduzir o consumo de energia. Não é em todo o País que se adota este horário. Cidades nordestinas como Fortaleza, Natal ou Recife, que estão no mesmo fuso horário de todas as demais cidades dos estados do Sudeste e Sul, não adotam horário de verão. Lá os relógios marcam sempre uma hora a menos durante este período.

... todos os lugares situados no mesmo meridiano têm o meio-dia no mesmo momento.

Segundo a Lei nº 11.662, de 24 de abril de 2008, a partir de zero hora de 24 de junho de 2008 passaram a vigorar no Brasil 3 (três) fusos horários.

Schäffer, Kaercher, Goulart e Castrogiovanni

Parte III

UM GLOBO EM NOVOS CAMINHOS

A CARA DA TERRA 18

Uma das questões que sempre despertou a curiosidade é como a Terra surgiu. Queremos saber nossa origem e a relação com a formação do planeta. Pesquisas demonstram que a vida humana na Terra é muito recente. Provavelmente surgimos há cerca de um milhão de anos. A Terra não! Ela já tem mais de quatro bilhões e seiscentos milhões de anos. É muito tempo! E nesse tempo a aparência da Terra mudou muito e continua mudando. A Terra possui uma dinâmica própria e complexa, regida por um tempo geológico. O tempo de vida de cada um de nós é insignificante frente ao tempo da Terra.

O globo apresenta a distribuição das massas continentais e oceânicas, a cara da Terra. É tão grande o predomínio de águas que o planeta poderia ser chamado de Água. Esse recurso, que só aparentemente é abundante e inesgotável, encontra-se distribuído de forma desigual, como também seu consumo. O globo mostra que os **oceanos** são de tamanhos diferentes e que os continentes não estão distribuídos proporcionalmente. Pelo traçado dos contornos dos continentes, parece que uns podem encaixar-se em outros.

A visão das massas continentais e oceânicas no globo sugere uma esfera estática e

---

Há diferentes origens para os nomes dos **oceanos**. O Pacífico tem seu nome associado ao bom tempo e à tranquilidade das águas que Fernão de Magalhães encontrou quando cruzou o estreito ao sul da América no início do século XVI. A palavra "Atlântico" provém de Atlas (deus grego) que sustentava sobre suas costas o céu. O nome "Atlântico" deixou de ser usado durante a Idade Média. O reaparecimento do nome deve-se ao cartógrafo Mercator, que o empregou em seu célebre mapa do mundo em 1569. O nome do Índico provém de sua localização junto às costas da Índia e da Indonésia. O nome do Ártico origina-se da palavra grega arctos (urso) que dá nome às constelações situadas no céu boreal, próximas ao Polo Norte. O nome do Antártico, junto ao Polo Sul, deriva-se, por oposição, do nome do Ártico.

Fonte: *Superinteressante*, fevereiro de 1993.

 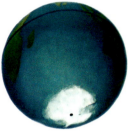

A Terra vista dos polos. A distribuição de terras e águas não é regular à superfície do planeta. Há mais terras ao redor do Polo Norte do que próximo ao Polo Sul.
Fonte: Moreira, 1998, p. 59.

A **crosta terrestre** é formada por diferentes **placas tectônicas**. Cada uma das placas movimenta-se lateralmente em consequência de movimentos do material rochoso da **astenosfera**. Nos pontos de encontro das placas, podem ocorrer três tipos de situações:

1. a convergência e a subducção do material para o manto, quando se enrugam sedimentos e formam-se cadeias montanhosas, como as formações dos Andes e do Himalaia;
2. a divergência, quando as placas se afastam e há a expansão dos fundos oceânicos e a formação de grandes cadeias de montanha nesses fundos: as dorsais;
3. os deslocamentos, quando grandes blocos rochosos movimentam-se formando descontinuidades, as falhas geológicas, como a de Santo André na Califórnia (EUA).

Esta dinâmica e os ajustes internos são (re)trabalhados por agentes externos, como o intemperismo, as águas, a ação antrópica.

imutável. Mas nem sempre foi esta a aparência da Terra. Processos internos e externos alteram sua aparência. Como exemplo de processos externos temos as chuvas, os ventos e o intemperismo. Entre os processos internos estão os **sismos** e o **vulcanismo**. Eles estão associados à tectônica de placas, conjunto de fenômenos geológicos e geofísicos que explicam o comportamento da **crosta terrestre**.

Com os processos de contínua transformação, a Terra busca manter um equilíbrio. Fenômenos que, muitas vezes, assustam e rompem as estruturas preexistentes nada mais são do que ações da natureza. Acontecimentos naturais súbitos, de consequências calamitosas às populações atingidas que deixam marcas fatais nas sociedades, são resultantes das ações naturais internas ou externas de equilíbrio do Planeta.

TEXTO COMPLEMENTAR 1

AS ÁGUAS NA TERRA

A hidrosfera, camada líquida do Planeta, é formada pelas águas continentais e oceânicas. Ela é constituída por mais de 95% de água salgada. Do restante das águas doces, três quartos estão retidos no estado sólido, essencialmente nas calotas polares, e um quarto, aproximadamente, em **aquíferos**. As águas superficiais, como rios e lagos, representam apenas 0,014% da água doce disponível para o consumo humano.

Embora haja escassez de água, seu consumo continua aumentando e é estimado hoje em dia em quase 20 vezes o do início do século XX. O consumo doméstico representa apenas 10% do total. O consumo mundial de água é desigual. Ele está associado à disponibilidade do recurso, ao grau de desenvolvimento e à existência de programas de orientação sobre seu uso racional. Um estadunidense, por exemplo, consome três vezes mais água que um francês e cinco vezes mais que um brasileiro. Hoje há um grande número de organizações não governamentais (ONGs) que têm como objetivo alertar e sensibilizar as instituições e a população em geral sobre a necessidade de racionalizar o uso da água.

Um globo em suas mãos ■ **125**

TEXTO COMPLEMENTAR 2

PANGEA – O PRIMEIRO CONTINENTE

Há 180 milhões de anos a Terra possuía um único continente – Pangea – que, ao se dividir, originou os atuais continentes – África, Ásia, Europa, Oceania, América e Antártida. Os nomes dos quatro primeiros continentes referem-se às divindades mitológicas gregas. Já América e Antártida são nomes que têm origens pagãs. América provém do nome do navegador Américo Vespúcio (1454-1512), que acompanhou Cristóvão Colombo na viagem do descobrimento. Em uma das cartas que enviou há um mapa que designa *Terrae Americi* ou Terras de Américo. Para harmonizar-se com os outros nomes femininos, Américo tornou-se América. Antártida ou Antártica tem a denominação dada em oposição ao Ártico. Como o continente está no hemisfério sul, foi acrescentado o prefixo anti.

Fonte: Revista *Superinteressante*, fevereiro de 1993.

A superfície da Terra em movimento.
Fonte: Ferro, 1997, p. 13.

PRÁTICAS PARA A SALA DE AULA

 Para esta atividade é importante ter globos com cartografia física, folhas de papel e papel pardo. É possível trabalhar com toda a turma ou com pequenos grupos. Coloca-se um globo no centro da sala se o trabalho for com toda a turma ou no centro de um pequeno grupo se houver diversos globos. Os alunos, inicialmente, circulam o globo olhando com atenção a distribuição de terras e águas, assim como as áreas de relevo com maiores altitudes. A seguir sentam-se formando um círculo em torno do globo.

No centro de uma folha de papel, cada aluno traça uma linha vertical. Ela representará o meridiano central do campo visual que tenha do globo. Anota o valor da longitude e, no sentido horizontal da folha, traça a linha do Equador. Tomando como referências o meridiano e aquela linha, desenha os elementos referidos (terras, relevo, águas) que está vendo no globo.

Com o papel pardo colocado no chão ou na parede da sala, marca-se sobre ele a linha do Equador e o Meridiano de Greenwich. Cada aluno colará seu desenho no papel pardo, tomando como base para a colagem aquelas referências. A coleção dos desenhos dará a aparência dos 360° da Terra no plano. A atividade pode ser concluída relacionando as proporções entre as terras emersas e a área ocupada pelos oceanos.

 Os alunos, após observarem o globo como na primeira atividade, sentarão em seu entorno. Assim, cada aluno verá uma face do globo e terá um colega observando o globo em uma posição **antípoda**. Cada aluno assinala, no centro de uma folha, o meridiano central da face que está vendo do globo e a linha do Equador. Em outra folha traça a linha do Equador e o meridiano que o colega da dupla estará representando em sua folha.

Na primeira folha, desenhará os elementos que observa no globo e, na segunda, aqueles que o colega deve estar vendo. Cada aluno formará, com seus dois desenhos, uma "fotografia" de 360° do globo. No grupo, os alunos observam os resultados dos trabalhos e discutem os problemas surgidos na execução. É importante pontuar quais foram as referências de cada um para desenhar os elementos da face do globo oposta àquela que estava a sua frente.

Comentários

A primeira atividade tem o objetivo de levar o indivíduo a interagir com o globo, observando as características relativas às massas continentais e aos oceanos que dão a "cara da Terra". É o momento para criar questionamentos a respeito das implicações da desigual proporção de águas e terras e as limitações desses recursos para a sobrevivência das espécies.

A segunda atividade, além de trabalhar com a projetividade espacial, encaminha para a leitura das especificidades que cada face da Terra apresenta. É importante discutir as dificuldades que um trabalho apresenta quando temos que nos transpor para o lugar do outro, ainda mais nesse caso, quando o objeto a ser representado tem uma superfície tão diversificada.

Para atividades sobre o ambiente da Terra, é interessante contar com um globo terrestre físico.

GLOSSÁRIO

Antípoda é o ponto ou lugar que, no globo, está diametralmente oposto a outro. Tem o mesmo valor de latitude, em hemisfério e meridiano oposto. A palavra significa "pé contra pé".

Aquíferos são mananciais de água doce subterrânea situados próximos à superfície. Sua presença deve-se à existência de rocha impermeável abaixo do solo, em profundidade variável. Essa água pode ser aproveitada através de poços. Também são denominados de lençóis freáticos.

Astenosfera é a camada geológica constituída por material pastoso e situada a cerca de 100 km de profundidade, entre a litosfera e a mesosfera.

Placas tectônicas são as partes que constituem a litosfera e que deslizam sobre a astenosfera. Uma placa pode corresponder a um continente ou a uma parte apenas. Pode ser um fundo oceânico ou parte dele e parte de um continente. A mobilidade das placas provoca transformações na crosta terrestre.

Sismos são os movimentos internos da crosta da Terra, que se apresentam a nossos olhos como terremotos e maremotos. A origem de um sismo geralmente está ligada à tectônica de placas. A fonte de onde partem as ondas vibratórias é denominada de hipocentro ou foco, e o ponto da superfície terrestre localizado sobre o foco, de epicentro. Geralmente o foco do sismo está entre 5 e 30 km de profundidade. Essas vibrações transmitem-se por meio de ondas de diferentes intensidades.

Vulcanismo compreende um conjunto de processos e fenômenos associados às erupções do magma. É uma atividade própria dos vulcões. Vulcões são os lugares da superfície terrestre por onde a lava (magma sem gases) se eleva. Corresponde a uma abertura ou fenda na crosta terrestre através da qual saem gases e materiais sólidos expelidos do interior da Terra. Os vulcões podem ser de diferentes tipos e são classificados de acordo com sua forma, com sua dinâmica ou com o local onde foram identificados pela primeira vez.

Saiba que...

... são necessários 300 litros de água tratada para produzir um quilo de papel, 1.500 litros para produzir um quilo de trigo, 4 mil litros para produzir um litro de leite, 450 mil litros para produzir um automóvel do tipo popular.

... o Brasil possui 25% dos mananciais de águas doces do mundo, sendo que só a Amazônia possui 18%.

... menos de 10% dos municípios brasileiros têm tratamento de esgotos, ou seja, nos demais a água utilizada volta sem tratamento para o lençol freático ou para rios, lagos ou oceano.

... os oceanos são grandes massas líquidas que cobrem mais de 360.000.000 km^2 da superfície da Terra. Na Terra, existem cinco oceanos.

Schäffer, Kaercher, Goulart e Castrogiovanni

NA TERRA, VENTOS E CORRENTES MARÍTIMAS NÃO PARAM

19

Ao olharmos um globo temos a impressão de que tudo na Terra está pronto há muito tempo e que sua aparência sempre foi a mesma. Nada mais falso. Compare o globo a uma foto que fixa a imagem da pessoa em um momento. Durante um dia, nossa aparência muda muito. Uma foto não capta as mudanças como a expressão facial, o movimento corporal, o vestuário, o humor. O globo, como a foto, não representa a agilidade do mundo e da vida.

A hidrosfera e a atmosfera movimentam-se. Esse dinamismo influencia muito todo o planeta, sobretudo a vida animal e a vegetal. Os ventos e as correntes marítimas são movimento em essência. A atmosfera, capa gasosa que envolve a Terra, possui várias camadas. É na primeira, a troposfera, onde ocorre a grande maioria dos fenômenos do tempo atmosférico, entre eles os ventos.

Vento é o ar em movimento. Esse movimento está relacionado à variação da pressão atmosférica. O movimento do ar ocorre sempre de áreas de alta pressão (anticiclone) para as de baixa pressão (ciclone). As diferenças de pressão ocasionam um movimento contínuo de massas de ar. O contato entre diferentes massas de ar é denominado **frente** e, em geral, ocasiona ventos, chuvas, tormentas. No verão, quando abrimos uma geladeira, podemos ter a noção de uma frente, no caso fria, avançando sobre o ar mais quente situado fora do refrigerador.

Os ventos são modificados por características específicas, geográficas e topo-

> **Frente** fria é o encontro de massas de ar com características diferentes de temperatura, umidade e pressão atmosférica. O movimento das frentes é de grande importância para o tempo meteorológico. Nas imagens de satélite, divulgadas diariamente nos jornais ou telejornais, fica fácil enxergar a área de ação mais forte das frentes indicada pelas extensas áreas de nuvens, associadas normalmente a chuvas.

gráficas da superfície da Terra. Elas dão origem a ventos locais e regionais, os quais interferem significativamente nos climas locais.

A direção geral dos ventos é dada pela circulação geral da atmosfera. Ela é responsável pelos ventos planetários, como, por exemplo, os alíseos.

Circulação geral da atmosfera.
Fonte: Adaptado de Fordsyke, 1975, p. 117.

Os alíseos são ventos conhecidos desde a conquista da América. Foram fundamentais para a navegação, pois impulsionavam as caravelas, barcos que não possuíam outra forma de energia senão o vento para se locomover a grandes distâncias.

Assim como a atmosfera, as águas oceânicas também têm vários movimentos: **ressurgência**, ondas, marés, correntes marítimas. As principais correntes marítimas são geralmente visualizadas em um globo terrestre por linhas azuis, que indicam correntes frias, e vermelhas, para aquelas de águas quentes.

Corrente marinha é o deslocamento de parte das águas oceânicas dentro dos oceanos. Os **oceanos** ocupam cerca de 70% da superfície terrestre e são fundamentais para o entendimento dos climas. As correntes nos oceanos assemelham-se a rios que correm segundo linhas mais ou menos regulares. Elas têm características comuns de temperatura, salinidade e direção. São ocasiona-

---

A evaporação dos **oceanos** fornece a umidade para as precipitações que ocorrem nos continentes. A água é um estabilizador de temperatura, pois leva mais tempo para esfriar e para esquentar do que as massas continentais. Por exemplo, (1) no calor do verão, no mesmo lugar e horário, você pode queimar seu pé descalço em uma calçada, mas poderá entrar em uma piscina em pleno meio-dia e jamais irá queimar-se; (2) duas chaleiras aquecidas, ambas a 100°C, sendo uma vazia e a outra com água, levarão diferentes tempos para esfriar.

das por vários fatores: rotação da Terra, forma das linhas costeiras e diferença de temperatura e de densidade das águas dos mares. As correntes têm papel importante nos climas, pois há um fluxo permanente de águas frias em direção a regiões de baixas latitudes (quentes), e, de mares tropicais, fluem águas quentes para regiões de maiores latitudes. A troca é permanente.

Um exemplo da importância das correntes marítimas no clima é a variação das temperaturas entre Londres (Inglaterra) e Nova York (EUA). Embora mais afastada da linha do Equador, Londres apresenta durante o inverno temperaturas médias mais elevadas que Nova York. Esse fato ocorre graças à corrente quente do Golfo *(Gulf Stream)*.

E as consequências dos ventos e das correntes? Da navegação – das antigas caravelas às tradicionais jangadas no Nordeste brasileiro – passando pelos esportes náuticos e pelas tempestades, o vento tem muita influência na vida. Os moinhos usam a energia do vento, que também pode ser aproveitada pelos aerogeradores. Megaincêndios, como nos EUA e na Austrália, têm, no vento, seu principal propagador. Na natureza, o vento tem papel de disseminador de sementes espalhando espécies pioneiras para novos lugares. Além disso, muitas aves se valem dos ventos em suas migrações sazonais.

Os alíseos e a navegação à vela entre Europa, África e América.
Os alíseos impulsionaram as caravelas europeias até a América e garantiram seu retorno. É difícil imaginar a história colonial americana sem considerar esses ventos.
Fonte: Medina, 1980, p. 51.

Já as correntes marinhas têm influência local nos climas das áreas por onde passam. Os desertos de Atacama (Chile) e Namib (Namíbia) são bons exemplos da influência de correntes frias que dificultam a condensação e a precipitação, provocando aridez.

De uma brisa que nos refresca à destruição de um temporal, vemos a natureza em seu incessante movimento e na permanente influência sobre a humanidade.

> **TEXTO COMPLEMENTAR**
>
> **QUANTO VENTO!**
>
> Éolo, na mitologia grega, é o rei dos ventos. Teria ensinado o uso da navegação à vela e como predizer, pelos sinais atmosféricos, as mudanças do tempo e dos ventos. O termo perdura até hoje. Erosão eólica, portanto, é o desgaste que o vento provoca em rochas e em outras superfícies. Energia eólica é a obtida transformando a força do vento em alguma energia aproveitável pelo ser humano.
>
> Vejamos alguns tipos de vento.
>
> As monções, do árabe *mawsïm*, que significa "data ou estação do ano fixada para que algo ocorra", são ventos sazonais. O termo aplica-se às estações chuvosas e secas na Índia e áreas próximas. Originam-se nas grandes mudanças de pressão atmosférica que ocorrem entre o inverno e o verão sobre a Ásia. No inverno e na primavera, o continente é dominado por uma alta pressão (anticiclone siberiano), e os ventos predominantes, muito frios e secos, sopram do continente para o oceano. No verão, os ventos predominantes vêm do oceano trazendo muitas nuvens e chuvas. A mudança de quente e seco para chuvoso e menos quente é, via de regra, repentina.
>
> As brisas, típicas das orlas marítimas, também são fruto das diferenças de aquecimento e pressão entre a terra e o mar. Durante o dia sopra a brisa marítima (fluxo de ar da superfície do mar para a terra), já que a terra tende a aquecer mais do que o mar. Com isso, o ar se aquece e se eleva. O ar vindo do mar ocupa seu lugar. Já a brisa terrestre ocorre à noite, quando o ar sobre a terra perde calor mais rapidamente. Mais aquecido, o ar do mar se eleva e o fluxo se dá na direção do mar.
>
>
>
> **Brisas.**
> As brisas são facilmente sentidas à beira-mar, tanto durante o dia (a) como à noite (b).
> Fonte: Forsdyke, 1975, p. 114.

Tempestades tropicais ocorrem nos oceanos tropicais e nas terras próximas. Têm distintos nomes: furacões no Caribe, ciclones no Oceano Índico e Baía de Bengala, tufões nos mares da China e ciclones tropicais, ao largo da Austrália. Basicamente, é o mesmo fenômeno. São violentas tempestades tropicais com uma pressão muito baixa concentrada em uma pequena área em seu centro. Podem ser extremamente destrutivas. Seus ventos ultrapassam facilmente os 100 km/h, ocasionando grandes prejuízos, tanto para construções humanas quanto para a natureza. Um perigo que acompanha esses ventos é a agitação do mar. As áreas costeiras baixas podem sofrer grandes inundações.

PRÁTICAS PARA A SALA DE AULA

1. Solicite aos alunos que entrevistem pessoas que possam falar sobre a influência dos ventos ou das correntes marítimas. Por exemplo, surfistas, pescadores, médicos, agricultores, etc. Pode-se consultar pessoas que conheçam algum ditado sobre ventos. Peça que os alunos, em dupla, elaborem um roteiro de questões. Depois de uma semana, solicite à dupla que apresente aos demais colegas o que descobriu. Essa apresentação pode ser feita sob várias modalidades (cartazes, dramatização, painel, mural, etc.).

2. Com o globo terrestre em mãos, peça que os alunos observem atentamente a legenda usada para descrever as principais correntes marítimas e os principais ventos da Terra. Questione-os sobre o tema: de onde partem e para onde vão? Que consequências práticas as correntes e os ventos apresentam nos locais onde atuam? Qual é a importância da legenda nesta atividade?

3. Peça aos alunos que recolham, durante duas semanas, notícias de jornal relacionadas a ventos e correntes. Procure dar-lhes exemplos para que se sintam entusiasmados. No dia marcado, faça um levantamento das reportagens obtidas. Organize, no quadro, uma tabela contendo um resumo sobre os motivos dos fenômenos apontados nas notícias e os locais onde ocorreram. Aproveite os dados organizados para desenvolver uma discussão sobre o assunto: quando se tratar de uma catástrofe natural, como se dá a reconstrução dos lugares? Promova uma discussão sobre as consequências de um fenômeno natural. São as mesmas para todos os povos? Uma tempestade, por exemplo, tem a mesma repercussão nos meios de comunicação, independentemente de onde ela ocorre?

Comentários

Ao ouvir pessoas da comunidade queremos que o tópico *ventos e correntes marítimas* tenha outras vozes que não o livro-texto. Sempre há, em nosso meio, pessoas que podem fazer boas reflexões com um aporte que não havíamos pensado. O importante é não sobrecarregar no aspecto técnico dos temas em estudo.

Já a atividade com o globo visa a promover duas características que a escola, nos últimos anos, tem abandonado por considerá-las "tradicionais": a observação e a descrição. Observar significa enxergar com atenção, com detalhe. Observar é ir além do que se vê com os olhos. Desenvolver a capacidade de observação e de descrição são habilidades cognitivas básicas para uma série de passos posteriores. Isso é tarefa da escola, desde que não fiquemos restritos ao aparente, ao superficial. Também é uma oportunidade para se construir a ideia da importância da compreensão da legenda para entendermos múltiplos textos que nos cercam: globos, mapas, tabelas, gráficos.

O objetivo da última atividade é o questionamento da ideia de que um mesmo fenômeno da natureza – um furacão, por exemplo – produz estragos iguais em todos os lugares. Sabe-se que não! Tomadas medidas preventivas e contando-se com boas condições econômicas, as populações ricas tendem a sofrer bem menos do que as comunidades pobres. Pode-se também questionar a ideia tão comum de que a "natureza está se vingando". Ora, há uma série de eventos naturais que existem anteriormente ao homem.

O papel dos meios de comunicação também pode gerar boas discussões. Por que alguns lugares são tão destacados na imprensa e outros são tão esquecidos ou, se aparecem, sobre eles destacam-se somente seus aspectos negativos?

134 ■ Schäffer, Kaercher, Goulart e Castrogiovanni

Saiba que...

... são exemplos de ventos locais e regionais: Mistral (França), Helm (Escócia), Siroco (Sicília), Bora (Iugoslávia), Buran (norte da Ásia), Shamal (Iraque), Seistan (Irã), Karaburan (China), Etésios (Turquia), Monções (Índia), Brickfiel (Austrália), Simum (Líbia e Egito), Harmattan (Nigéria e Guiné), Pampeiro (Argentina), Minuano (sul do Brasil), Chinook (Canadá).

... El Niño é um fenômeno natural resultante do aquecimento anormal das águas superficiais e subsuperficiais do Pacífico Equatorial. Tem sido percebido há séculos, e suas causas não são ainda claramente conhecidas. A expressão *El Niño* deriva do espanhol e refere-se à presença de correntes quentes que, em alguns anos, aparecem na costa norte do Peru, na época do Natal. Pescadores do Peru e do Equador chamaram essas águas mais quentes de El Niño em referência ao *Niño* (menino) Jesus. La Niña seria seu oposto, o resfriamento anormal das águas oceânicas do Pacífico Equatorial.

GLOSSÁRIO

Ressurgência é o afloramento de águas profundas do oceano junto à superfície. São águas mais frias, que têm mais oxigênio dissolvido e vêm carregadas de nutrientes e microrganismos que servem de alimento para os peixes das áreas onde ocorrem. Não é por acaso que a costa oeste da América do Sul é uma das regiões mais piscosas do mundo, ainda que os cardumes ali venham diminuindo em função de uma exploração excessiva.

20 OS CAMINHOS QUE PERCORREMOS

Desde a ocupação pelos portugueses, uma intensa e diversificada migração de povos de diferentes procedências garantiu o aumento da população do Brasil e a ocupação de largas áreas de seu território. Chegaram os colonizadores. Trouxeram para cá escravos africanos. Vieram europeus mediterrâneos e centro-ocidentais; vieram russos, poloneses, sírio-libaneses, chineses, japoneses e outros tantos imigrantes, que se juntaram às populações nativas. Com histórias e culturas diferentes, professavam crenças variadas. Eram cristãos em sua maioria, mas também judeus, muçulmanos, budistas, além de outros, com uma gama de crenças e cultos das várias partes da África. Abandonando áreas com grandes dificuldades econômicas e crises políticas, na Europa e na Ásia, essa imigração foi numerosa desde a independência, em especial entre meados do século XIX e início do século XX.

As famílias que descendem dos povos que vieram neste período mais recente têm, em geral, algum documento ou alguma informação sobre seus antepassados. Conhecem alguma coisa sobre eles. Às vezes, sabem dizer algo mais do que apenas o nome do país de onde emigraram. No entanto, estas informações são mais reduzidas entre a grande maioria da população, cujos antepassados chegaram ao Brasil há muito tempo, como os primeiros imigrantes portugueses ou aqueles retirados de alguma nação africana durante o período de colonização e escravidão. Dos descendentes de povos indígenas também poucos são aqueles que têm informações sobre a história mais local de migração.

As trajetórias internacionais, que foram verdadeiras epopeias, estão esquecidas na história do país. Resgatá-las no contexto de cada um é dar significado a um processo migratório e suas consequências para qualquer localidade ou país. É constituir parte de sua identidade. Refazer os caminhos que percorremos é também olhar compreensivamente para os problemas de trabalho e sobrevivência que empurram tantos de nossos jovens a traçar rotas migratórias que os conduzem para fora do país, em uma circulação internacional que os leva para longe, onde formarão suas novas famílias. É a epopeia de hoje.

No globo, o traçado destas rotas dá a dimensão do processo, evidencia as territorialidades de saída e de chegada, propicia a identificação com outros povos, o reconhecimento e o respeito a outras culturas, o estabelecimento de laços de solidariedade, tão necessários em qualquer momento histórico.

No início do século XX, o navio era o transporte utilizado nas migrações intercontinentais.
No início deste século, o avião é o meio mais empregado para essa migração.

PRÁTICAS PARA A SALA DE AULA

 Peça que, durante um tempo (quinze dias, um mês), os alunos investiguem a origem de seus antepassados maternos e paternos. Devem elaborar um registro dessa investigação: anotar as entrevistas com familiares, escrever breves relatos, como o que está colocado no final dos comentários que exemplifica a sugestão de atividade, pesquisar dados sobre o local de procedência de seus familiares, juntar documentos, objetos e fotos relacionados à migração, se for possível.

Em sala de aula, as investigações feitas e os materiais trazidos serão trabalhados no grande grupo. Fotos e documentos serão mostrados, e algumas histórias serão contadas pelos alunos como exemplo das migrações feitas pelas famílias. O percentual de alunos com antepassados estrangeiros será calculado, o que poderá dar origem a tabelas e gráficos, e serão listados os locais de origem e o período da migração.

Os alunos trocarão as informações, contarão as histórias que escutaram das famílias e organizarão uma exposição de seus documentos e fotos. Em alguns grupos, talvez seja muito pequeno o número de alunos descendentes de estrangeiros; portanto, de relatos sobre a imigração para o Brasil. Nesse caso, o professor pode pedir que as apresentações explorem os deslocamentos internos das famílias dos alunos, relacionando os dois processos: migração interna e internacional. Um texto sobre a migração das famílias até o lugar em que vivem será redigido, o que incluirá forçosamente o registro de migrações dentro do país, ampliando o tema em estudo e inserindo situações de grupos minoritários, como as migrações de grupos indígenas ou daqueles que estão hoje em assentamentos na luta pela terra.

 Com o mesmo procedimento inicial de levantamento das histórias familiares e com o uso de globos, de fios, de papéis coloridos e de adesivo leve, os alunos traçarão as rotas de imigração de algumas de suas famílias para o Brasil, incluindo os portos por onde passaram. As migrações internas entre estados brasileiros também poderão ser marcadas, se o diâmetro/a escala do globo disponível permitir. Antes de usar o fio para traçar as rotas, é preciso estabelecer uma legenda, relacionando uma cor a um período de migração. Pequenos barcos de papel poderão ser fixados com adesivo leve sobre os fios, indicando migrações por mar. Se a escala do globo permitir traçar uma rota de migração interna, usa-se outra figura que represente o meio de transporte utilizado.

Quando há mais globos, é possível usar um globo para traçar a história da migração dos antepassados de cada seis ou sete alunos, e a tarefa pode ser realizada em grupos. O conjunto dos globos na sala de aula será uma fonte de dados para a produção de um texto sobre o processo migratório para o Brasil a partir da realidade do próprio grupo. Lembre-se de que um globo para este fim pode ser construído a partir de um globo-referência. Dessa forma, haverá mais liberdade para colar fios e fixar os símbolos da legenda, como pequenos barcos ou caminhões. A montagem e a exposição de um mural com os materiais reunidos também é interessante para finalizar o estudo.

 Para onde estão indo os brasileiros? Mudando o foco da atividade, solicite aos alunos que falem sobre pessoas que conheçam, como amigos e familiares, ou mesmo personalidades, como artistas ou jogadores, que saíram do País. Quais os países de destino? Por que procuraram outro país para viver? Qual o meio de transporte que utilizaram?

Leve ao grupo músicas, filmes ou outro recurso que aborde trajetórias individuais ou familiares de migração. Proponha que cada um escolha um país para migrar e que traga, para o próximo encontro, a relação de todos os procedimentos para entrar no país escolhido. A partir dos relatos, trabalhe a questão dos controles das correntes migratórias para os países centrais. O mesmo exercício prático de colar linhas no globo pode ser feito, de preferência no mesmo globo antes construído. As linhas sairão do lugar onde vive o grupo para aquele país de escolha para emigrar. Qual a direção que estão apontando? Coincidem com as rotas originais destas famílias?

Comentários

É interessante associar ao conteúdo de migrações internacionais para o Brasil exercícios sobre quem foram e de onde vieram nossos antepassados. O papel do professor é fundamental na orientação sobre os levantamentos, na organização dos relatos e na exposição de materiais, bem como na exploração de outros itinerários migratórios aos quais se sujeitaram nossos antepassados. É o caso das migrações internas para as cidades (êxodo rural) e para novas áreas rurais (frentes pioneiras), valorizando também estes trabalhadores e sua descendência, as famílias que geraram e o significado que têm para a comunidade local.

Atividades com músicas, filmes, romances, poesias, entre outros, provocam questões relacionadas ao deslocamento, à viagem, permitindo relacionar passado e presente. Quanto tempo durava a viagem? Em quanto tempo se faz hoje? Quais as possibilidades reais de retorno ao lar e de reencontro com a família no passado e na atualidade? Como se comunicavam com suas famílias?

Este tipo de exercício propicia o reconhecimento da história de vida do aluno, encaminha-o para a formação de sua identidade social e cultural, promovendo sua autoestima. No entanto, convém considerar a possível ausência ou escassez de documentos e objetos do passado das famílias e, nesse caso, trabalhar a razão da falta de documentação na perspectiva do reconhecimento histórico do grupo.

Por outro lado, atualizar a temática por meio do levantamento sobre o número de brasileiros fora do País e para onde estão indo estes brasileiros (ou seja, sobre quais as direções das migrações internacionais recentes) abre a possibilidade de refletir sobre a lógica espacial sob a globalização, sua intensidade e dramaticidade.

MEU RELATO

Meus bisavós maternos nasceram em uma aldeia galega no noroeste da Espanha. Aos 13 anos, meu bisavô já viajava para a França, para os EUA e para Cuba acompanhando os irmãos e vendendo joias. Com a I Guerra Mundial, a pobreza e a falta de trabalho aumentaram na Europa. Ele pensou, então, em emigrar para a Argentina, onde as perspectivas pareciam melhores. Tinha 18 anos e já estava casado. Mas, como trazer minha bisavó, que não queria emigrar? O jeito foi sequestrá-la, com o apoio das famílias. Convidou-a para ver uma tourada na cidade de La Coruña e lá a colocou em um navio. Era junho de 1919, quase verão na Espanha.

Logo nos primeiros dias de viagem, meu bisavô pediu que ela não saísse da cabine. Pela escotilha, ela via tubarões e corpos jogados ao mar. A gripe espanhola, que matou mais de 20 milhões de pessoas entre 1918-1919, mais que a própria guerra, seguia no navio. Passado pouco mais de um mês de viagem, o navio começou a apitar com frequência. Estavam na altura do porto de Santos, em águas brasileiras, e o navio pedia socorro, pois começava a afundar. Ao largo, um navio inglês evitava a aproximação, temendo a epidemia. Nos últimos minutos, todos foram retirados por meio de pranchas colocadas entre os dois navios, em pleno oceano. Todas as malas foram colocadas misturadas no porão. Meus bisavós tiveram que terminar a viagem com as roupas que usavam. Chegaram a Buenos Aires em julho, no intenso frio do inverno. A vinda para o Brasil, dez anos depois, também foi cheia de episódios. Para a Espanha nunca mais voltaram.

PAULA (15 anos)

ONDE ESTÃO OS ÁRABES? 21

O dia 11 de setembro de 2001 tornou-se um marco na história mundial. Podemos refletir sobre a derrubada das Torres Gêmeas, em Nova York, a partir de vários focos.

Porém, é indiscutível que o fato colocou luz sobre a questão das religiões no mundo moderno. Qual a relação entre religião e cultura? Entre religião e política? Entre religião e bem-estar social? Aquele evento histórico tornou mais próximo de todos os ocidentais o tema da expansão e das características da religião muçulmana, sua importância cultural em vasta área do mundo e o grande número de seguidores que vivem fora dos limites do chamado mundo árabe.

> **Árabe** ou árabe saudita, ou simplesmente saudita, é também o gentílico para quem nasce ou vive na Arábia Saudita.

Mostrou também muito do nosso desconhecimento sobre outras culturas. Revelou preconceitos. Provocou uma busca aos "árabes" em muitas regiões. Embora haja uma grande aproximação entre o que seja um **árabe** e um muçulmano, é importante diferenciar o significado de cada palavra.

"Árabe" é um termo que designava originalmente apenas os povos nômades da península arábica, localizada entre o Mar Vermelho e o Golfo Pérsico. Hoje indica todo aquele que usa regularmente a língua árabe, língua do grupo **semita**, que se identifica com a cultura árabe, sobretudo com a religião muçulmana. No entanto, há árabes que professam outras religiões, como o cristianismo. O chamado mundo árabe – ou bloco árabe – congrega diversos países que estão situados no oeste e norte da África e no sudoeste da Ásia, do Mediterrâneo ao golfo Pérsico. Nessa área vivem povos de diferentes origens étnicas.

Já os termos "muçulmano" e "maometano" são denominações para aqueles que seguem os preceitos divulgados por Maomé (570-632 d.C.), fundador da religião islâmica ou islamismo. O termo "islã", origem da palavra islamismo, significa "resignação e entrega a Deus". O mundo islâmico ou dos muçulmanos é mais extenso que o mundo árabe. Inclui áreas do Irã, Paquistão, Afeganistão, Índia, Indonésia e outros países onde não se usa a língua árabe cotidianamente, salvo para as orações. Há uma expansão recente de adeptos do islamismo na Europa e na América, sobretudo entre os descendentes de **imigrantes árabes**. Cerca de 20% da população mundial, ou seja, mais de um bilhão de pessoas segue a fé islâmica.

A derrubada das Torres Gêmeas provocou a "descoberta" no Ocidente dos árabes e da religião islâmica e deu grande visibilidade a um fenômeno para o qual as ciências, como a Geografia, já vinham prestando

---

Semita é o grupo das línguas faladas por povos da Ásia Ocidental, como o árabe, o hebreu, o caldeu, o assírio e o aramaico.

É comum, no Brasil, usar-se genericamente a expressão **imigrantes árabes** para os procedentes de diferentes nações árabes: palestinos, libaneses, sírios, entre outros. A presença desses imigrantes, em geral ligados ao comércio, é um aspecto identificador da Geografia Humana das cidades localizadas em áreas de fronteiras entre países da América do Sul, como na fronteira do Brasil com o Uruguai (Chuí e Sant'Ana do Livramento), com a Argentina (Uruguaiana) e na Tríplice Fronteira (Argentina, Brasil e Paraguai), em Foz do Iguaçu e Ciudad del Este. Após 11 de setembro de 2001, sob a pressão dos Estados Unidos, as investigações sobre as atividades dessas comunidades fronteiriças foram intensificadas. As investigações são exemplos das ações de "caça aos árabes" como sinônimo indevido e generalizante de "terrorista".

atenção por meio da análise de temas culturais, em especial do estudo do comportamento dos fiéis das diversas religiões. Quem são os cristãos? Quem são os judeus? Quem são os budistas? Onde estão? Que ideias e que valores cada um deles defende? Que fé seguem? Como organizam seu espaço de vida?

Na superfície terrestre, as áreas que, no passado, eram claramente ocupadas por uma certa religião dão lugar à sobreposição de territorialidades, graças às migrações internacionais e a uma forte ação missionária favorecida pelos meios de comunicação. A estreita relação que existia entre um povo, um território e uma religião torna-se cada vez mais difusa, o que impede o estabelecimento de uma ligação direta entre povo, território e religião. Assim, nem todos os árabes são muçulmanos e nem todos os muçulmanos são árabes.

Discutir estes temas culturais, a partir do marco histórico que foi o dia 11 de setembro de 2001, remete também a outras questões relevantes, como o papel dos meios de comunicação na informação e na formação de ideias, de comportamentos e de valores. Pode-se analisar a facilidade atual com que migram os capitais comparativamente às dificuldades e aos controles impostos às migrações daqueles que procuram, em outros países, melhores condições de sobrevivência. Pode-se tratar da questão das alternativas tecnológicas de comunicação e transporte disponíveis para a realização de projetos terroristas a distância, como foi o da derrubada das Torres Gêmeas, e o sentido do **fundamentalismo religioso** nessas ações. Ou ainda, discutir perspectivas mundiais de solidariedade e paz por meio desses mesmos recursos.

> **Fundamentalismo religioso** refere-se ao movimento de preservação das ideias de uma religião contra críticas internas e renovações. A expressão tem origem no movimento dentro do protestantismo norte-americano no final do século XIX e início do XX que gerou novas igrejas cristãs.

TEXTO COMPLEMENTAR

NOSSA LÍNGUA E O ÁRABE

Depois do latim e do grego, o árabe foi a língua que mais contribuiu para a formação de nosso vocabulário básico em áreas bastante diversas (ciências exatas, administração pública, agricultura, pecuária, arquitetura e mobiliário). Os árabes, em sua permanência de sete séculos na Península Ibérica, contribuíram para o léxico do português e do espanhol com centenas de vocábulos. Grande número dessas palavras começa pela letra "a", já que "al" corresponde ao artigo em árabe. São vocábulos de origem árabe: almôndega, alfândega, almofada, açougue, açúcar, açude, aldeia, alface, algazarra, álgebra, algema, algodão, alicerce, almanaque, alvará, alquimia, arrabalde, alfaiate, arroz, azeite, entre muitas outras que não iniciam com a letra a. Com outras letras, temos, por exemplo, balde, cabide, cenoura, enxaqueca, gaita, garrafa, laranja, leilão, oxalá, quintal, sapato, tagarela, tambor, xerife, zero.

Fonte: www.sualingua.com.br

PRÁTICAS PARA A SALA DE AULA

 A partir de um estudo prévio e com o emprego de dois globos, é possível desenvolver um trabalho interessante de comparação entre a extensão das áreas ocupadas no passado e no presente pelos seguidores de uma determinada religião. Isso pode ser feito com o uso de papéis coloridos que possam ser levemente aderidos à superfície do globo escolar. Orienta-se os alunos a demarcar, em um dos globos, as áreas de origem e as áreas de expansão inicial de uma ou mais religiões. Se for solicitado aos alunos que marquem mais de uma religião, é necessário legendar, usando uma cor para cada religião e uma combinação de cor com traços, hachuras ou outro símbolo quando ocorrer sobreposição de religiões em uma mesma área. Um segundo globo será o cenário para o mesmo exercício, retratando o momento atual.

Com esta mesma modalidade de exercício, pode-se também comparar a extensão das áreas onde um determinado grupo é majoritário com a extensão daquelas onde ocorre um dado fenômeno geográfico. Por exemplo, para este tema, recobrem-se no globo os países onde os árabes são maioria e, em um outro globo, as áreas onde haja predomínio e expansão recente de adeptos do islamismo.

Finalizados os exercícios práticos de localização, cabe ao professor promover no grupo uma discussão sobre vários tópicos, escolhidos conforme os interesses ou as necessidades dos alunos, tais como a expansão muçulmana fora do mundo árabe, o papel dos meios de comunicação na difusão de uma religião, elementos da cultura árabe e de outras culturas identificáveis na comunidade local. São tópicos que se prestam a múltiplos questionamentos e à realização de projetos e investigações dos alunos e que podem ser orientados por mais de uma disciplina do currículo.

Comentários

O exercício sugerido é um caminho para que os alunos identifiquem e exponham preconceitos e sensos comuns presentes na comunidade. Ele oferece ao professor a oportunidade de sistematizar e aprofundar conhecimentos, de dar novo significado a ideias anteriores, de aproximar o trabalho escolar de um evento de impacto no cotidiano do aluno e, sobretudo, de trabalhar com valores importantes para o convívio social, como o respeito ao outro, a compreensão e a aceitação de pontos de vista diferentes da pluralidade cultural.

22 GLOBO E GLOBALIZAÇÃO

Globalização é o nome dado à nova fase do capitalismo mundial. Existem muitos conceitos e explicações sobre globalização. Há posturas diferentes sobre o tema. O processo de globalização pode ser visto como uma nova forma de regionalizar o mundo ou, em outra leitura, de (des)regionalizá-lo. Mas o que acontece com a globalização?

Há a internacionalização de capitais. Ocorre uma forte tendência de **fusões** entre empresas e de expansão das transnacionais. Amplia-se o estabelecimento de redes de trocas de toda espécie. Pergunta-se: para quem a globalização traz vantagens?

As empresas transnacionais procuram se instalar em muitos países onde as economias já estão estruturadas e com um **mercado consumidor emergente**. Elas selecionam países! No processo, valores, costumes e hábitos são incentivados ou capitalizados como globais; por exemplo, o consumo de Coca-Cola, de pizzas ou hambúrgueres. Outros hábitos não possuem representação em todos os lugares; portanto, parecem não estar globalizados, como é o caso do consumo da feijoada brasileira. No entanto, falamos na globalização da cultura, da informação, dos valores, etc. Mesmo no mundo que tende à globalização, as divisões e os conflitos continuam. São marcantes entre países ditos ricos e países considerados pobres.

No processo de globalização, as empresas procuram a expansão do mercado. Isso pode se dar por acordos entre empresas ou pela compra de outras empresas, geralmente concorrentes. A **fusão** é uma forma de as empresas ampliarem seus lucros em um mercado competitivo, pois reduz gastos, principalmente por diminuir a concorrência.

Mercado consumidor emergente é a designação para o mercado de um país que possui uma parcela considerável da população com condições crescentes de consumo. O uso dessa expressão está diretamente ligado ao aumento do poder aquisitivo de uma população. Esses mercados localizam-se em países como os conhecidos pela sigla BRIC: Brasil, Rússia, Índia e China.

Blocos econômicos são agremiações de países que, por acordos institucionais entre os diferentes países signatários, buscam o fortalecimento das relações econômicas, por meio da cooperação e da criação de instituições próprias, fechando os mercados internos para a concorrência externa ao bloco e disputando novos mercados. São exemplos de blocos econômicos: a União Europeia (EU), North America Free Trade Agreement (NAFTA) e o Mercosul (Mercado Comum do Sul).

A globalização fortalece a organização de **blocos econômicos** e dos organismos internacionais como o Fundo Monetário Internacional (FMI) e a Organização Mundial do Comércio (OMC). Os impactos da globalização sobre as economias nacionais têm sido avaliados como danosos e vêm provocando reações em todo o mundo. Essas reações são mais visíveis e articuladas por meio da atuação das organizações não governamentais (ONGs).

TEXTO COMPLEMENTAR

ALCA

Os Estados Unidos têm insistido para que os países americanos, com exceção de Cuba, integrem, o mais rápido possível, um grande bloco – a Área de Livre Comércio das Américas ou ALCA. Observando o globo, parece ser uma excelente ideia, um bloco-ilha. A própria forma do bloco reforça a ideia – a América para os americanos... mas quais americanos? Partindo dessa interrogação, países como o Brasil, que procura exercer um papel hegemônico no Mercado Comum do Sul (Mercosul), resistem à ideia.

A sociedade latino-americana indaga: para quem será viável a ALCA?

Inicialmente, parece ser uma extensão do **NAFTA**, que, até então, tem trazido problemas à sociedade e ao meio ambiente do México. Há quase consenso, por parte de políticos e pensadores brasileiros, de que a ALCA aumentará a pobreza e a desigualdade social, pois a zona econômica beneficiará as corporações transnacionais e seus sócios. Essa postura parte do princípio, por exemplo, de que as pequenas e médias empresas nacionais dificilmente terão condições de concorrer com as transnacionais. A legislação passará por mais reformas, a fim de agradar aos grandes investidores, já que o livre trânsito de mercadorias forçará os países a buscarem a diminuição de custos, com a alteração de leis e eliminação de vantagens trabalhistas já conquistadas. O certo, em situações como esta, é promover um amplo espaço de discussão que envolva todos os segmentos sociais.

Fonte: Adaptado de Castrogiovanni, A.C. Cuidado... a ALCA está chegando. *Revista Mundo Jovem*, Porto Alegre, ano 34, n. 318, jul. 2001.

PRÁTICAS PARA A SALA DE AULA

 Solicite que os alunos se agrupem, simulando duas regiões a partir do critério sexo. A seguir, peça que se reagrupem, considerando o sexo e a idade: por exemplo, meninas com 12 anos ou menos e meninas com mais de 12 anos. Estabeleça os mesmos critérios para os meninos. Para um novo agrupamento estabeleça critérios não tão objetivos, como, por exemplo, a cor de cabelo. O que importa é ir criando novos grupos a partir da definição de novos critérios. Alguns devem ser objetivos e outros subjetivos para despertar na turma um debate quanto ao estabelecimento dos critérios.

Após vários formatos de agrupamentos, discuta com os alunos que critérios podem ser empregados para a regionalização de uma área. Nesse processo de discussão, mostre o quão difícil e subjetivo é definir uma região.

 O objetivo da atividade é formar regiões com os países de um continente a partir de critérios estabelecidos previamente entre o professor e os alunos. São exemplos de critérios para regionalizar: área dos países, limites políticos, tipo de traçado de limites, faixa climática onde estão situados, proximidade com oceanos, predomínio de áreas baixas ou elevadas. Essas características podem ser observadas facilmente em um globo. É importante combinar antes em quantas regiões o continente será dividido.

Os alunos, em grupos, reúnem os países iniciando pela combinação de dois critérios. No decorrer do trabalho serão considerados outros critérios.

Ao término, solicite que os grupos apresentem suas propostas de regionalização e discuta as dificuldades para regionalizar empregando aqueles critérios.

Forneça aos alunos um planisfério mudo, com escala, e solicite que assinalem os blocos econômicos já existentes e as capitais dos países formadores dos blocos, usando o globo terrestre como referência. Em grupos, escolherão, em cada bloco, uma capital e a ligarão a outra situada em outro bloco. Tendo como referência o planisfério e a escala, decidirão qual a mais curta rota aérea entre as duas cidades. Depois, no globo, verão as possibilidades de rotas entre as cidades escolhidas. Com o auxílio de um cordão, farão as medidas das rotas, verificando qual é mais curta e se a rota coincide com a estabelecida no planisfério. Proponha situações de conflitos, como o surgimento de uma guerra entre dois países ou a criação de impostos para a utilização do espaço aéreo de um país ou bloco para que os alunos criem rotas alternativas.

 Solicite previamente que os alunos, em casa, durante um certo período, consultem jornais, revistas e internet e guardem notícias sobre os blocos econômicos. Em aula, organize uma proposta de trabalho para analisar as notícias. Considere questões como "quais são os temas que mais aparecem nas notícias?" "Por que esses temas são os mais destacados?" "Nas notícias aparecem ações de organizações não governamentais (ONGs)?" "E de instituições como o FMI e a OMC?"

Com o auxílio do globo, peça aos alunos que encontrem os locais citados nas notícias coletadas.

Comentários

A compreensão espacial da formação dos blocos econômicos está associada ao processo de regionalização que, conceitualmente, está ligada à ideia de agrupamento. Portanto, é importante saber operar com agrupamentos para entender as lógicas que podem ser estabelecidas para a regionalização. A formação de blocos econômicos é intensificada com a globalização. Ao mesmo tempo que ela integra determinados espaços, desperta atitude regional de defesa e proteção por meio de blocos de nações.

Simulações são bem aceitas por crianças e adolescentes, ainda mais quando são acompanhadas por desafios que exigem a criação de soluções imediatas. O emprego do globo é fundamental para que os alunos tenham a representação do todo espacial e desconstruam ideias de que o mundo termina no Japão ou no litoral do Oceano Pacífico.

Operar com o globo permite que os alunos percebam as rotas aéreas como não vinculadas a paralelos ou a meridianos. A menor rota entre Los Angeles e Tóquio, por exemplo, segue pelo Ártico.

O trabalho a partir da leitura de jornais e revistas pode sensibilizar os alunos quanto à importância da atuação de cada cidadão em defesa de interesses da coletividade. Isto pode ser identificado nas demandas das instituições não governamentais, que não apenas questionam ações de governos e de instituições econômicas internacionais, mas propõem novas relações socioeconômico.

GLOSSÁRIO

NAFTA – North America Free Trade Agreement ou Acordo de Livre Comércio da América do Norte. Os Estados Unidos, o Canadá e o México integram o NAFTA.

Saiba que...

... o Mercosul foi estabelecido através de um acordo assinado pela Argentina, pelo Brasil, pelo Paraguai e pelo Uruguai, em março de 1991. Os Estados-parte propõem-se a criar um território econômico comum que facilite a livre circulação de bens, serviços, capitais e pessoas. Desejam eliminar qualquer discriminação entre produtos e produtores nacionais respectivos, instaurar uma política econômica, financeira, fiscal e social coordenada. Propõem-se a instituir uma tarifa externa comum, estabelecendo uma política comercial e cambial comum em relação a terceiros países e a promover o bem-estar econômico e social de seus povos.

Países sócios: Brasil, Argentina, Paraguai e Uruguai. Bolívia e Chile são membros associados.
Fundação: o Tratado de Assunção, que criou o bloco, foi assinado em 26 de março de 1991.
População: 240 milhões de habitantes (Brasil: 190 milhões).

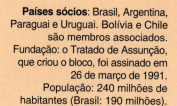

O DINHEIRO NÃO DORME! 23

> Entre as **associações** que financiaram governos estão as Companhias das Índias Orientais. Este foi o nome dado a diversas empresas privadas europeias que, no século XVII, realizaram comércio com a Índia e com o Extremo Oriente. Como recebiam privilégios dos governos, às vezes os socorriam financeiramente, exercendo funções similares às de bancos. A Companhia Holandesa das Índias Orientais foi criada em 1602. Seus lucros fabulosos animaram a criação, em 1621, da Companhia Holandesa das Índias Ocidentais, que visava a consolidar o poder político e econômico da Holanda nas Américas e na África. Foi a mentora da ocupação holandesa do Nordeste brasileiro entre 1624 e 1640. Já a Companhia Inglesa da Índia Oriental, criada em 1600, funcionou por 260 anos dando apoio à expansão marítima, comercial e política da Inglaterra naquele período.

Um banco representa um importante elemento da economia local. Muitos surgiram e se organizaram com capitais locais e atenderam a uma dada região. A partir da Idade Moderna (1453-1789), algumas famílias e **associações** comerciais europeias se constituíram como bancos e influenciaram, pelo patrocínio a governos e a empresas e pelo financiamento de navegações e exércitos, um espaço geográfico mais amplo.

Na metade final do século XX, o predomínio de bancos locais deixou de ser a realidade do sistema. Os bancos locais foram sendo adquiridos por grandes bancos internacionais que, sustentados pela expansão da informática e da **telemática**, passaram a ter ação global. Com poucos comandos em um computador, grandes quantidades de "dinheiro" abandonam um país e chegam a outro. Não se trata de papel-moeda ou de metal, mas de **dinheiro virtual**. São valores apenas informados, que são liberados ou retidos. São fluxos que circulam através das redes de informação e de seus pontos fixos nas cidades e nas áreas rurais, como são as agências bancárias. Liberados, esses recursos transformam as paisagens pela exuberância das novas fortunas, pela implantação de novos empreendimentos e pela abertura de postos de trabalho. Quando esses recursos se retiram de um espaço também o transformam. Ao reduzirem-se as possibilidades de investir, geram desemprego, miséria e fome.

Escutar ou ler diariamente sobre os fluxos de valores, sobre o **mercado de ações** e sobre o funcionamento de uma bolsa, seja a de Nova York, de Tóquio, de São Paulo, seja a de Buenos Aires, saber se a "bolsa subiu" ou se apresentou queda, saber sobre as **ações** mais vendidas, tornou-se tão corriqueiro como buscar na imprensa a informação sobre se irá ou não chover. As bolsas de valores não estão em uma cidade qualquer, mas em cidades globais. Elas são os nós mais fortes de uma **rede** de circulação e de informação sobre dinheiro.

As grandes cidades estão assinaladas em qualquer globo terrestre. Entre elas, estão aquelas que são centros financeiros internacionais que se ligam à rede mundial de bancos, de **bolsas de valores**, de corretoras, de seguradoras. Interligadas pelos meios modernos de comunicação, especialmente pela internet, essas cidades globais mantêm-se "acordadas". Há sempre, ao longo das 24 horas do dia, o movimento de compra e venda de ações em uma ou outra delas. Enquanto dormimos, centros financeiros em diferentes pontos do globo continuam comprando, vendendo, negociando.

Esta dinâmica financeira, possível graças aos recursos tecnológicos atuais, interfere no funcionamento de outros agentes financeiros e na vida econômica e política de cada região e país, gerando expectativas ou crises. A velocidade com que o dinheiro chega ou vai embora, a partir de informações quanto às possibilidades de lucro fácil ou ao risco dos investimentos (risco país), expressa a confiança ou a falta de confiança do mercado internacional de capitais em uma dada região ou país. É comum que se

> **Bolsa de valores** é um lugar público (um mercado) em que corretores compram e vendem ações em nome de seus clientes, recebendo comissões pelas transações. A primeira bolsa de valores funcionou em Antuérpia, na Bélgica, em 1531. Depois surgiu a de Paris e a de Londres (1698). A bolsa de Nova York (em Wall Street) iniciou suas atividades em 1792. A do Rio de Janeiro – primeira a funcionar no Brasil – surgiu em 1876. Mas a bolsa de São Paulo (BOVESPA) é a mais importante atualmente no País. Com a assinatura dos acordos de integração operacional entre essas duas bolsas, desde abril de 2000, a bolsa do Rio de Janeiro faz apenas negociação eletrônica de títulos públicos. A BOVESPA concentra a negociação de ações no País.

gere um círculo vicioso: mais confiança, investimentos maiores, ou, em outra direção, crise no país, temor internacional, fuga de capitais e aprofundamento da crise. Essa rotina perversa, que foge ao entendimento geral, aparece em nosso cotidiano por meio das condições sociais precárias, da escassez do trabalho, do elevado custo social e da violência que acompanha o dia a dia de cada cidadão.

PRÁTICAS PARA A SALA DE AULA

 Solicite aos alunos que registrem durante uma semana as notícias que ouviram no rádio ou as que acompanharam na televisão sobre bolsa de valores, investimentos financeiros, etc. Peça ainda que tragam notícia recente de jornal, revista, internet e sobre bolsa de valores, fluxos de investimentos, ações valorizadas, etc.

Investigue em alguma fonte (jornais, revistas, internet) sobre significado e funcionamento de uma bolsa de valores. Você também pode preparar um pequeno texto ou uma breve exposição que mais se aproxime dos interesses e das características dos alunos. Aborde o tema, relacionando-o à economia de um país e, dentro do possível, ao cotidiano da comunidade local.

Reúna os alunos em pequenos grupos para que conversem sobre as notícias que registraram, sobre o texto que receberam ou sobre o que ouviram de você. Devem ainda listar as cidades que são citadas nos materiais de que dispõem.

Com o auxílio de um globo, peça que identifiquem os meridianos onde se localizam estas cidades e que calculem a hora em cada uma delas no horário de aula da turma. Peça que reflitam sobre a afirmativa "O dinheiro não dorme" e elaborem um comentário sobre essa assertiva. Isso pode ser feito sob a forma de um parágrafo, de uma charge, de um desenho.

Organize grupos e sugira que indiquem representantes para participar de um painel explorando a questão tecnológica mundial, o papel dos fluxos de capitais e a relação com o trabalho humano. Procure estender a discussão através de questões como: "Todos os países do mundo estão sujeitos a ações dos capitais negociados nas bolsas?".

 Combine com os alunos que eles dispõem de uma determinada quantia em dinheiro. Eles não precisarão dessa quantia por dois anos ou mais e, portanto, ela poderá ser aplicada no mercado de ações. Oriente-os a acompanhar o noticiário sobre mercado de ações em jornais e na televisão durante duas semanas e a conversar com várias pessoas sobre as melhores opções para investimentos.

A partir dos levantamentos, cada aluno selecionará uma empresa para aplicar a quantia. Sobre a empresa escolhida o aluno fará um registro em uma pequena ficha em que constará o nome da empresa e dados gerais, como tipo de atividade, histórico, sede, filiais no mundo, etc. Os dados podem ser obtidos em livros, em jornais, na internet, em entrevistas, etc. A ficha será finalizada com uma frase justificando a escolha da empresa na qual investirá.

Para a aula sobre o tema, leve um globo e pequenos marcadores, como bolinhas de isopor ou confete, que possam ser presos com adesivo leve ao globo. Tenha também um quadro-mural ou leve uma folha de papel pardo para fixar os trabalhos dos alunos. Peça que um aluno inicie a apresentação e a justificativa de sua "aplicação financeira", que indique no globo a sede da empresa e que cole sua ficha no mural. Convide, a seguir, todos os que optaram pela mesma empresa. Eles apenas completarão os dados do primeiro colega e anexarão sua ficha ao mural. Chame os demais até esgotar o trabalho do grupo.

Finalize a atividade discutindo com os alunos sobre quais as empresas que foram mais procuradas pelos "investidores", isto é, para a compra de ações pelo grupo, as razões da escolha, a localização da sede. Aproveite para trabalhar temas como globalização, empresas transnacionais, blocos econômicos e outros, segundo seu planejamento.

Comentários

Situar no mapa as cidades globais é um exercício que pode ser associado ao de determinação dos respectivos fusos horários e ao de cálculo de distâncias e diferenças horárias. Que bolsas de valores funcionam quando a de São Paulo está fechada? Como alguém em Manaus, às 23h, pode investir seu dinheiro entrando em contato com uma bolsa que esteja iniciando seu expediente?

Girar um globo onde estas "cidades-dinheiro" estão sinalizadas, exercitar as diferenças horárias entre elas é provocar indagações, ampliar o horizonte e dar significado a uma realidade do mundo moderno. Mesmo distante do cotidiano das famílias dos alunos brasileiros, que raramente são investidoras ou mesmo têm conta bancária, a mobilidade espacial – virtual – do dinheiro se aproxima de cada um pelos meios de comunicação e pelos efeitos na economia do país.

Por outro lado, atividades que exigem envolvimento prévio dos alunos através de levantamentos e consultas estão relacionadas ao planejamento do professor. Planejar implica uma intenção e, sobretudo, definir com antecedência as providências que precisamos tomar.

GLOSSÁRIO

Ações são títulos de participação de uma empresa que podem ser negociados ou transmitidos.

Dinheiro virtual é aquele que não existe como moeda ou papel, mas como números ou valores registrados e disponíveis nas instituições financeiras. É virtual porque existe apenas como faculdade ou potencialidade.

Mercado de ações (bolsa) é a concentração periódica em lugar público de produtores e consumidores para que realizem com maior facilidade suas transações. Nesse caso, o produto de compra e venda são ações de empresas.

Rede (*net*, em inglês) é uma expressão utilizada para referir-se à ampliação global dos fluxos diversos (contatos, informações, produtos, pessoas) que recobrem o planeta. Nessas redes, alguns pontos (nós) desempenham um papel mais importante como atrativo desses fluxos. Por exemplo, em 20 metrópoles globais, concentra-se 40% do tráfego aéreo mundial de passageiros e mais de 60% do movimento de cargas.

Telemática é a área do conhecimento que trata da manipulação e da utilização das informações através do uso combinado de computadores e meios de telecomunicações.

Saiba que...

... as cidades globais são aquelas que, entre outras características, funcionam como centros de serviços especializados, de financiamentos e de administração de processos econômicos globais. Têm, sobretudo, uma importante função financeira de caráter mundial. Situam-se principalmente na América Anglo-Saxônica, na Europa e na Ásia do Pacífico. É o caso de Nova York, Tóquio e Londres que, juntas, concentram quase 50% da capitalização das bolsas e dos mercados mundiais de valores.

Diferença de horário entre as três principais cidades globais.
Fonte: Pitte, 1998, p. 256.

Um globo em suas mãos ■ **155**

24 TUDO SE TRANSFORMA. O AMBIENTE TAMBÉM!

O ambiente da Terra é dinâmico. Isso significa que está em constante transformação. Fazem parte dessa dinamicidade os vulcões, os terremotos, as inundações, os ventos, os furacões, as ondas de frio e de calor, as tempestades, entre outros fenômenos. Assim, novas ilhas surgiram pelos processos de sedimentação, terras desapareceram pelo avanço dos oceanos, florestas foram destruídas por mudanças climáticas, carvão e petróleo se formaram por movimentos da crosta, espécies animais foram extintas. Tudo isso sem que fossem consideradas catástrofes. É assim que a Terra funciona.

As plantas, os animais e os homens vivem nessa Terra. É dela que retiram tudo de que necessitam para sua sobrevivência. Sobreviver tem significados diferentes para cada um desses integrantes do planeta. Os animais e as plantas sobrevivem retirando o necessário para não morrer. O homem retira mais do que o necessário à manutenção da sua vida. Para muitas culturas viver significa acumular muitos bens, o que implica explorar o ambiente indiscriminadamente, mesmo que isso traga dificuldades para muitos daqueles que não podem usufruir desses bens.

Os diferentes povos que vivem na Terra definem limites para seu território de atuação. Esses **limites** são convencionados po-

---

Limites e fronteiras são dois conceitos usados como sinônimos, o que não é correto e, em algumas situações, provoca confusão. O limite refere-se à linha demarcatória entre dois espaços contíguos; por exemplo, a linha que define o campo, em um jogo de futebol. Entre países, a linha-limite estabelece o território pertencente a cada país. Ela pode ser redefinida em função de acontecimentos como guerras e tratados. Já a fronteira inclui áreas que vão além da linha de demarcação física. É a área de influência de um espaço nacional sobre o outro.

Um país, mesmo distante de outros com os quais não tem limites e fronteiras, pode estabelecer forte influência sobre eles. Um exemplo marcante é o dos EUA. Sua área de influência é o planeta e, por isso, talvez possamos dizer que sua "fronteira" se estende pela Terra.

A atmosfera da Terra é constituída de gases que permitem a passagem da radiação solar e a absorção de grande parte do calor emitido pela superfície aquecida da Terra. A propriedade da atmosfera em absorver essa radiação e não permitir que ela se dissipe no espaço é denominada de **efeito estufa**. Graças a ele, a temperatura média da superfície do planeta mantém-se em cerca de 15°C. Sem o efeito estufa, a temperatura média da Terra seria de 18°C abaixo de zero. Esse efeito é responsável por um aumento médio de 33°C e é benéfico ao planeta, pois cria condições para a existência da vida na Terra.

Quando se alerta para os riscos relacionados com o efeito estufa, o que está em foco é a sua possível intensificação, causada pelo aumento na atmosfera da quantidade de alguns gases como o dióxido de carbono (gás carbônico) e o metano, provenientes da queima de combustíveis fósseis (carvão e petróleo) pelas indústrias e pela frota de automóveis.

liticamente. Mas a natureza não reconhece esses limites políticos. Ela possui outros limites mais diversificados e mutáveis. Os processos da natureza, assim como seus efeitos, avançam sobre os limites políticos. A floresta amazônica, por exemplo, ultrapassa o limite do Brasil com a Colômbia ou com a Venezuela. A fumaça lançada pelas indústrias e pela circulação de automóveis, que contamina a atmosfera, é espalhada pelos ventos e se desloca por milhares de quilômetros vencendo os limites dos países onde se originaram. Tais processos definem fenômenos de ocorrência natural, mesmo que provoquem situações vistas como catástrofes. A poluição, ao aumentar a temperatura do ar, intensifica o **efeito estufa**. A circulação aérea e os diferentes gases lançados na atmosfera pelo mundo moderno interferem na camada de ozônio ampliando os riscos de exposição à radiação ultravioleta. Os desastres com navios que carregam petróleo não afetam somente os pontos de ocorrência do acidente, pois o mar dispersa o óleo, espalhando-o por várias áreas, destruindo animais e plantas e prejudicando a sobrevivência de populações que vivem da pesca.

Todos os exemplos são resultados da interferência da sociedade na dinâmica da natureza e estão relacionados ao modelo de organização econômica. Em nome dele, muitos lugares têm sofrido complexas intervenções ambientais. A dimensão dessas intervenções nos processos naturais está relacionada ao tipo de ocupação de um lugar, aos grupos que ali habitam e às tecnologias utilizadas.

Como a unidade e a dinamicidade são características próprias da Terra, a cada intervenção inadequada, independentemente do lugar, há sempre uma reação em outros locais, às vezes em grandes áreas ou em todo o planeta.

O uso do globo, ao favorecer a perspectiva e a compreensão da totalidade, facilita o entendimento da dinâmica terrestre e a sensibilização quanto a nosso compromisso com a preservação dos recursos e com a sobrevivência humana.

Nas últimas décadas, a sociedade civil, em especial através da atuação de organizações não governamentais (ONGs), tem se mobilizado no sentido da criação, do aprimoramento e da regulamentação de propostas que deem condições de proteção ao ambiente natural da Terra.

TEXTO COMPLEMENTAR 1

GRANDES RIOS DO MUNDO ESTÃO POLUÍDOS

Mais da metade dos grandes rios do mundo estão contaminados em consequência da degradação de seus ecossistemas, ameaçando a saúde das populações que deles dependem, informou um relatório da Comissão Mundial sobre a Água no Século XXI. Esse relatório alerta para o uso excessivo ou a má utilização dos recursos terrestres nas bacias hídricas dos países industrializados ou em desenvolvimento que é a principal causa da deteriorização desses ambientes.

O relatório destaca que apenas dois dos grandes rios podem ser classificados como saudáveis: o Amazonas, na América do Sul, e o Congo, na África Subsaariana. Ambos são rios caudalosos com poucos centros industriais nas proximidades.

Os graves problemas hídricos e terrestres contribuíram para criar em 1998 25 milhões de refugiados ambientais, número que, pela primei-

Fonte: Ferro, 1997, p. 12.

158 ■ Schäffer, Kaercher, Goulart e Castrogiovanni

ra vez, superou o de refugiados de guerra. Há previsões que, em 2025, o número de refugiados ambientais possa quadruplicar.

A Comissão Mundial detalhou os problemas ambientais, a contaminação e o esgotamento dos recursos hídricos nas bacias dos rios Amarelo (China), Amu Darya e Syr Darya (Cazaquistão), Nilo (Egito), Volga (Rússia), Ganges (Índia) e Jordão (Jordânia). Para aquela comissão, os governos, as empresas privadas e as organizações não governamentais ambientalistas devem adotar um padrão geral para que sejam analisadas as dimensões políticas, econômicas, sociais e ambientais do manejo de recursos. A degradação da água e da terra não pode mais ser tratada apenas como um assunto ambiental, mas como ponto central para o desenvolvimento sustentável dos países.

Fonte: Adaptado de reportagem do *Jornal do Brasil* de 30 de novembro de 1999.

TEXTO COMPLEMENTAR 2

A CAMADA DE OZÔNIO

A presença de ozônio na atmosfera terrestre garantiu durante toda a história da humanidade a existência de um escudo protetor contra radiações. O ozônio tem a propriedade de absorver na atmosfera tal radiação. Como o fator de proteção, a camada de ozônio sempre existiu; os seres vivos em geral não têm defesas contra essa radiação.

A situação antes descrita pode mudar drasticamente. A vida moderna libera na atmosfera uma quantidade cada vez maior de certos gases que atacam a camada de ozônio na estratosfera, região da atmosfera entre 16 e 50 km. Lá ocorrem reações químicas que destroem o ozônio. Com a redução da camada de ozônio, diminui também o efeito protetor contra radiações, provocando danos à saúde.

TEXTO COMPLEMENTAR 3

A RADIAÇÃO SOLAR

Radiação ultravioleta (UV)

A radiação UV compõe a luz solar que atinge Terra. Ao atingir a nossa pele, os raios UV desencadeiam reações, como as queimaduras solares, as fotoalergias (alergias desencadeadas pela luz solar) e o bronzeamento. Provocam também reações tardias, devido ao efeito acumulativo da radiação durante a vida, causando o envelhecimento cutâneo e as alterações celulares. A radiação

UV que atinge nosso planeta se divide em radiação UVA e UVB, já que os raios UVC não atingem a Terra.

Radiação UVA

A radiação UVA possui intensidade constante durante todo o ano, atingindo a pele praticamente da mesma forma durante o inverno ou o verão. Penetra profundamente na pele, sendo a principal responsável pelo fotoenvelhecimento. A radiação UVA também está presente nas câmaras de bronzeamento artificial, em doses mais altas do que na radiação proveniente do Sol.

Radiação UVB

A incidência da radiação UVB aumenta durante o verão, especialmente nos horários entre 10 e 16 horas quando a intensidade dos raios atinge seu máximo. Os raios UVB penetram superficialmente e causam as queimaduras solares. É a principal responsável pelas alterações celulares que predispõem ao câncer da pele.

PRÁTICAS PARA A SALA DE AULA

 Converse com os alunos para que coletem fotos de alguém da família, de preferência do próprio aluno. As fotos devem mostrar uma sequência dessa vida, desde pequena ou mesmo ainda na barriga da mãe (como é o caso de uma ecografia) até o presente momento.

Solicite que analisem a sequência de fotos e que escrevam o que foi possível verificar pela observação realizada. É importante encaminhar perguntas para que os alunos percebam as mudanças.

Deixe que discutam e falem sobre as transformações por que essas pessoas representadas nas fotos passaram. Relacione tais mudanças com as transformações que ocorrem na Terra.

Posteriormente, com os alunos, destaque alguns aspectos para acompanhar o processo de transformação. Por exemplo: o cabelo, a altura, o peso. Proponha a elaboração de uma tabela com as mudanças e suas repercussões na vida dessas pessoas. É importante analisar também as mudanças externas introduzidas no corpo, ou seja, um corte de cabelo, um regime, uma produção visual (roupas, sapatos, maquiagem) ou uma cirurgia plástica.

Discutam as diferenças entre as transformações decorrentes do passar do tempo no corpo humano e aquelas decorrentes do convívio social. Por exemplo: o uso de roupas da moda. Elas serão registradas em um quadro, diferenciando os dois tipos de mudanças e suas consequências na vida do indivíduo e na sociedade.

2. Associem estas ideias de mudança com o local onde moram. Discutam a transformação da natureza provocada pela sociedade. Analisem as repercussões de um fenômeno novo qualquer no bairro, na cidade ou no Estado. Por exemplo: a instalação de uma nova fábrica.

Proponha aos alunos que, durante cerca de 15 dias, façam um levantamento sobre as catástrofes que estão ocorrendo pelo mundo através de notícias de jornais, revistas, rádio, televisão e internet. Nestes dois últimos casos, as notícias deverão ser redigidas, destacando o fenômeno e o local de ocorrência.

Peça que os alunos em grupos leiam as notícias coletadas e localizem no globo os respectivos países.

Discuta com os alunos as prováveis causas dessas catástrofes, problematizando suas respostas e associando-as à dinamicidade própria do planeta.

Sugira aos alunos que trabalhem individualmente na produção de textos, charges, quadrinhos ou qualquer outra forma de expressão sobre o tema. Proponha a produção de um jornal com o material. No jornal podem ser incluídas informações sobre as condições de diferentes ambientes da Terra, sua diversidade e sua fragilidade, e sobre as alterações que estão acontecendo com os recursos da natureza.

Comentários

Inicialmente, é fundamental que o professor construa o conceito de transformação e estabeleça relações com o corpo dos alunos em seu processo de crescimento, discutindo esses fenômenos. Isso permite que os alunos comparem com o que vem acontecendo com a Terra ao longo de sua história.

Consultando materiais como jornais e revistas, o aluno poderá ter informações sobre os diferentes fenômenos da Terra e refletir sobre a dinâmica de seus processos.

Localizar cada um dos fenômenos permite que o aluno perceba as relações entre eles e as implicações naturais, sociais e políticas para os diferentes povos da Terra. O globo, na medida em que é uma representação de toda a Terra, favorece essa perspectiva de análise.

O professor pode utilizar outros materiais igualmente significativos para desencadear seu trabalho. Apenas sobre o tema água existem muitos recursos. Pode-se sugerir o romance *Menino de Engenho*, de José Lins do Rego; músicas como *Planeta Água*, de Guilherme Arantes, e *Planeta Azul*, de Xororó e Aldemir; vídeos como *Planeta Terra: Água*, do programa Salto para o Futuro da TVE/FRP.

REFERÊNCIAS

OBRAS CONSULTADAS

ALMANAQUE ABRIL. São Paulo: Abril, 1996.

ALVA, W. *Geografia general*. Lima (Peru): Editorial San Marcos, 2002.

ANTUNES, A. R.; MENANDRO, H. F.; PAGANELLI, T. I. *Estudos sociais – teoria e prática*. Rio de Janeiro: ACCESS, 1993.

ARBEX JR., J. *Islã, um enigma de nossa época*. São Paulo: Moderna, 1996. (Coleção Polêmica)

AZEVEDO, A. *O mundo antigo*. São Paulo: DESA/EDUSP, 1965.

BRANCO, S. M. *Carolina e o vento*. São Paulo: Moderna, 1998.

BRASIL. Ministério da Educação e do Desporto. Secretaria da Educação Fundamental. *Parâmetros curriculares nacionais:* Geografia – 5ª a 8ª séries. Brasília, 1998.

BRASIL. Ministério da Educação e do Desporto. Secretaria da Educação Fundamental. *Parâmetros curriculares nacionais:* terceiro e quarto ciclos: apresentação dos temas transversais. Brasília, 1998.

BULFINCH, T. *O livro de ouro da mitologia* (a idade da fábula): histórias de deuses e heróis. 10. ed. Rio de Janeiro: Ediouro, 2000.

CASTROGIOVANNI, A. C. (Org.). *Ensino de geografia*: práticas e textualizações no cotidiano. 2. ed. Porto Alegre: Mediação, 2002.

_____ . Cuidado... A ALCA está chegando. *Mundo Jovem*, Porto Alegre, n. 318, jul. 2001.

_____ . CASTROGIOVANNI, A. C. et al. (Org.). *Geografia em sala de aula:* práticas e reflexões. 2. ed. Porto Alegre: AGB, 1999.

CUMMING, R. *Para entender a arte*. São Paulo: Ática, 1998a.

_____ . *Para entender os grandes pintores*. São Paulo: Ática, 1998b.

DREYER-EIMBCKE, O. *O descobrimento da terra:* história e histórias da aventura cartográfica. São Paulo: Melhoramentos/EDUSP, 1992.

FONTANA, S. *Sistema de posicionamento global:* GPS – a navegação do futuro. Porto Alegre: Mercado Aberto, 2002.

FORDSYKE, A. G. *Previsão do tempo e clima*. São Paulo: Melhoramentos/EDUSP, 1975.

IBGE. *Noções básicas de cartografia*. Rio de Janeiro: IBGE, 1999.

JOLY, F. *A cartografia*. Campinas: Papirus, 1990.

KAERCHER, N. *Desafios e utopias no ensino de geografia*. Santa Cruz do Sul: EDUNISC, 1997.

_____ . Ler e escrever a Geografia para dizer a sua palavra e construir o seu espaço. In: NEVES, I. C. B. et al. (Org.). *Ler e escrever:* compromisso de todas as áreas. Porto Alegre: Ed. da Universidade/UFRGS, 1998.

LASKY, K. *O bibliotecário que mediu a Terra*. Rio de Janeiro: Salamandra, 2001.

LIGÜERA, M. Alguns problemas metodológicos no ensino de Geografía. In: CASTROGIOVANNI, A. C. et al. *Geografia em sala de aula:* práticas e reflexões. Porto Alegre: AGB-PA, 1998.

LÓPEZ, R. A. *Manual del globo terráqueo*. Madrid: AGLO, 1994.

MACDONALD, F. *Como seria sua vida na Idade Média?* 2. ed. São Paulo: Scipione, 2002.

_____ . *Como seria sua vida na Grécia Antiga?* São Paulo: Scipione, 2002.

MACHADO, N. J. *Semelhança não é mera coincidência*. São Paulo: Scipione, 2000. (Coleção Vivendo a Matemática)

_____ . *Escalas*. São Paulo: Scipione, 2000. (Coleção Investigando a Matemática)

MAGALHÃES, A. M. *Os oceanos: sonhos, mitos e realidades*. São Paulo: Scipione, 2000.

MAGNOLI, D. *Atlas geopolítica*. São Paulo: Scipione, 1996.

MARRERO, L. La Tierra y sus recursos. Caracas (Venezuela): Cultural Venezolana, 1968.

MEDINA, M. *Iniciación a la meteorologia*. 5. ed. Madrid: Paraninfo, 1980.

MORLEY, J. *Como seria sua vida no Antigo Egito?* São Paulo: Scipione, 2002.

NOVA ESCOLA. São Paulo: Abril, ano 14, n.120, mar. 1999.

NUSSBAUM, J. La tierra como corpo cósmico. In: DRIVER, R. et. al. *Ideas científicas en la infancia y la adolescencia*. Madrid: Morata, 1999. Cap. IX, p. 258-290.

OLIVEIRA FILHO, K. S.; SARAIVA, M. F. O. *Astronomia e astrofísica*. Porto Alegre: Editora da Universidade/UFRGS, 2000.

OLIVERA, L. D. Qué tan globales son las metrópolis globales? *Geoespacio*, Montevidéo, ANPG, año 17, n. 25, dic. 2002.

PIAGET, J. *O raciocínio na criança*. 3. ed. Rio de Janeiro: Record, s.d. Cap. III – A relatividade progressiva das noções, p. 96-130.

PONTUSCHKA, N. Geografia, representações sociais e escola pública. Revista *Terra Livre* – geografia, política e cidadania. São Paulo, AGB, n. 15, p. 145-154, 2000.

Portugal, Madeira e Açores: guia visual. São Paulo: Folha de S. Paulo, 1997.

RANDLES, W. G. L. *Da terra plana ao globo terrestre*. Campinas: Papirus, 1994.

ROCHA, R. *Dois idiotas sentados cada qual no seu barril...* 5. ed. Rio de Janeiro: Nova Fronteira, 1983.

SANTOS, Joel R. dos. *A Pirilampeia e os dois meninos de Tatipurum*. 4. ed. São Paulo: Ática, 1985.

SCHÄFFER, N. Ler a paisagem, o mapa, o livro... escrever nas linguagens da geografia. In: NEVES, I. C. B. et al. (Org.). *Ler e escrever:* compromisso de todas as áreas. Porto Alegre: Ed. da Universidade/UFRGS, 1998.

SUPERINTERESSANTE. São Paulo: Abril, fev. 1993.

TIMES. *Atlas of the world.* London: The Times Newspaper, 1967.

VALCÁRCEL, José O. *Los horizontes de la geografia:* teoria da geografía. Barcelona: Ariel, 2000.

ZABALA, Antoni. *Enfoque globalizador e pensamento complexo.* Porto Alegre: Artmed, 2002.

FONTE DAS ILUSTRAÇÕES

ADAS, M. Geografia – os impasses da globalização e o mundo desenvolvido. São Paulo: Moderna, 2002

ALVES, R. Perguntas de crianças. *Folha de São Paulo*, Folha Sinapse, 24 set. 2002.

ANTUNES, C. *Geografia e participação.* 2. ed. São Paulo: Scipione, 1997. v. 1.

BAINBRIDGE, B. *Os aniversariantes.* São Paulo: Schwarcz, 1996.

CALDEIRA, C. et al. Terra no espaço. 3o. ciclo do ensino básico. Lisboa: Plátano, 2002.

CUMMING, Robert. *Para entender a arte.* São Paulo: Ática, 1998a.

_____ . *Para entender os grandes pintores*. São Paulo: Ática, 1998b.

DISNEY, W. O Mundo da Aventura. São Paulo: [Abril?], [197_?] (Coleção Os quatro mundos encantados de Walt Disney).

ENCICLOPÉDIA DELTA UNIVERSAL. Rio de Janeiro: Delta, 1974

FERREIRA, C. C.; SIMÕES, N. N.. A Evolução do Pensamento Geográfico. Lisboa: Gradiva, 1989.

FERRO, L. R. S. (Coord.). *Atlas Histórico e Geográfico do Distrito Federal*. Brasília: Fundação Educacional do Distrito Federal, 1997.

FOLLETT, K. *Jackdaws, agentes especiais*. Rio de Janeiro: Rocco, 2002.

FORSDYKE, A. G. *Previsão do tempo e clima*. São Paulo: Melhoramentos/EDUSP, 1975.

GARCIA, H. C.; GARAVELLO, T. M. *Lições de geografia* – iniciação aos estudos geográficos. 10. ed. São Paulo: Scipione, 1998.

GEORAMA. *História da cartografia*. Rio de Janeiro: Codex, 1967.

JENNER, B. *Atlas geográfico ilustrado*. São Paulo: Scipione, 1994

KLINK, A. *Cem dias entre céu e mar*. São Paulo: Cia. das Letras, 1995.

LACOSTE, Y. *La légende de la terre*. Paris: Flammarion, 1996.

LÓPEZ, R. A. *Manual del globo terráqueo*. Madrid: AGLO, 1994.

LUCCI, E. A. *Geografia – homem & espaço*. 16. ed. São Paulo: Saraiva, 2001.

MAGALHÃES, A. M.; ALÇADA, I. *Na crista da onda*. São Paulo: Scipione, 2000.

MARRERO, L. *La Tierra y sus recursos*. Caracas (Venezuela): Cultural Venezolana, 1968.

MATSURA, O. T. *Atlas do universo*. São Paulo. Scipione, 1996

MÁXIMO, A.; ALVARENGA, B. *Curso de física*. 4. ed. São Paulo: Scipione, 1997. v. 1.

MEDINA, Mariano. *Iniciacion a la meteorologia*. 5. ed. Madrid: Paraninfo, 1980.

MOREIRA, Igor. *Construindo o espaço do homem*. São Paulo: Ática, 1998.

PITTE, Jean-Robert (Org.). *Geografia:* a natureza humanizada. São Paulo: FTD, 1998.

SAN MARTIN, E. *Terra à vista*. Histórias de náufragos da era dos descobrimentos. 3. ed. Porto Alegre: Artes e Ofícios, 1998.

SIMIELLI, M. H. *Geoatlas*. São Paulo: Ática, 2001.

LEITURAS SUGERIDAS

BAINBRIDGE, B. *Os aniversariantes*. São Paulo: Schwarcz, 1996.

DEFOE, D. *Robinson Crusoé:* a conquista do mundo numa ilha. 14. ed. Trad. Werner Zotz. São Paulo: Scipione, 1995.

_____ . *Robinson Crusoé*. 14. ed. São Paulo: Scipione, 1995.

DUARTE, M. *Almanaque das bandeiras*. São Paulo: Moderna, 2001.

NOVA ESCOLA. São Paulo: Abril, 1997 a 2003.

SAN MARTIN, E. *Terra à vista*. Histórias de náufragos da era dos descobrimentos. 3. ed. Porto Alegre: Artes e Ofícios, 1998.

VEIGA, L. M. *A grande navegação de Fernão de Magalhães*. II. Rodval Matias. São Paulo: Ática, 1987.

VERNE, J. *Viagem ao centro da terra*. São Paulo: Ática, 1993.